形胜天下行系列

岭南形胜行

黄智华 著

中山大学出版社
广州

版权所有　翻印必究

图书在版编目（CIP）数据

岭南形胜行/黄智华著 . —广州：中山大学出版社，2017.7
（形胜天下行系列）
ISBN 978 - 7 - 306 - 06038 - 9

Ⅰ.① 岭…　Ⅱ.① 黄…　Ⅲ.①广东—概况　Ⅳ.①K926.5

中国版本图书馆 CIP 数据核字（2017）第 083171 号

出 版 人：	徐　劲
策划编辑：	钟永源
责任编辑：	钟永源
摄　　影：	黄智华
封面设计：	曾　斌　智　华
责任校对：	杨文泉
责任技编：	何雅涛
出版发行：	中山大学出版社
电　　话：	编辑部 020 - 84111996，84111997，84113349，84110779
	发行部 020 - 84111998，84111981，84111160
地　　址：	广州市新港西路 135 号
邮　　编：	510275　　传　真：020 - 84036565
网　　址：	http://www.zsup.com.cn　E-mail：zdcbs@mail.sysu.edu.cn
印 刷 者：	广州家联印刷有限公司
规　　格：	787mm ×960mm　1/16　13 印张　300 千字
版次印次：	2017 年 7 月第 1 版　2017 年 7 月第 1 次印刷
印　　数：	1 - 3500 册　　定　价：43.80 元

如发现本书因印装质量影响阅读，请与出版社发行部联系调换

广东省作家协会主席、暨南大学原副校长蒋述卓教授为本书题字"岭南行处人杰地灵"

岭南书法名家、广州市海珠区书法家协会主席秦建中先生为本书题字"绝境方知在岭南"

岭南书法名家、南粤印社副社长罗守强先生为本书题字"天地人和"

广东省道教协会会长、罗浮山冲虚古观观长赖保荣道长给作者赠书上题字『道镇东方』

广东省国学教育促进会会长柯可先生为本书题字『名山胜水粤独好』

作者书写陈毅元帅诗句『百粤自来形胜地』

岭南形胜行　黄智华

前　言

　　岭南，北靠五岭，南临南海，西连云贵，东接福建，指中国南方的五岭（南岭）之南的地区，《晋书·地理志下》将秦代所立的"南海、象、桂林"三个郡称为"岭南三郡"，明确了岭南的区域范围。由于历代行政区划的变动，现在提及岭南地区，特指广东、广西、海南、香港、澳门等一带。这些地区不仅地理环境相近，而且人民的生活习惯也有很多相同之处。

　　南岭由越城岭、都庞岭、萌渚岭、骑田岭、大庾岭等五岭组成，大体分布在广东、广西、湖南、江西等地交界处，是中国最大的横向构造带山脉。南岭是条南北分界线，岭南是粤桂，岭北是湘赣，南岭也是长江和珠江两大流域的分水岭。五岭不单是指五个岭名，也包括穿越南岭的五条通道。

　　大庾岭因岭中多梅花，亦称梅岭。位于江西大余县与广东南雄市交界处的梅岭顶部，有一条连接南北交通的千年古道梅关古道，上有"岭南第一关"梅关关楼，这是岭南与岭北的分界点。

　　梅岭在岭南经济文化发展史上起了重要作用。梅岭自越人开发后，成为中原汉人南迁的落脚点，中原文化逐步在梅岭生根开花，并向岭南传播开去。

　　岭南地貌因在历次地壳运动中，受褶皱、断裂和岩浆活动的影响，形成了山地、丘陵、台地、平原交错，且山地较多。南岭西段的盆地多由石灰岩组成，形成喀斯特地貌，著名的桂林山水便是代表；南岭东段的盆地多由红色砂砾岩组成，经风化侵蚀形成丹霞地貌，丹霞山便是代表。

　　岭南大部分地区属亚热带湿润季风气候，北回归线横穿岭南中部，高温多雨为主要气候特征，大部分地区夏长冬短，终年不见霜雪。

　　距今约12.9万年以前，岭南出现了早期古人（马坝人）。岭南古为百越族居住的地方，秦末汉初，它是南越国的辖地。

　　公元前221年，秦皇嬴政统一六国后，派屠睢率领50万秦军攻打岭南；公元前214年，秦军基本占领岭南。随即，秦始皇将岭南地区设"桂林、象、南海"三个郡。

　　秦末，南海郡尉任嚣病危，委任龙川县令赵佗代职。任嚣死后，赵佗即起兵隔绝五岭通中原的道路。秦亡之际，赵佗武力攻并桂林、象郡，建立了

南岭是两广丘陵与江南丘陵的分界线

南越国，自称"南越武王"。当时，广东除今连州及乐昌北境属长沙郡管辖外，都属南越国地盘。

汉武帝平定南越国后，汉朝将南越地划分为南海、苍梧、郁林、合浦、交趾、九真、日南、珠崖、儋耳九个郡。

明代至清代中期，是古代岭南最繁荣的时期，广州长时间成为唯一的对外贸易港口，也是当时最大的商业城市之一。

岭南文化是悠久灿烂的中华文化的有机组成部分，广东、广西是岭南文化发源地。岭南文化以农业文化和海洋文化为源头，在其发展过程中不断吸取和融汇中原文化和海外文化，逐渐形成自身独有的特点，即务实、开放、兼容、创新。

历史上历次汉人的大举南迁，不仅加快了岭南的开发，而且以先进的生产力和文化影响了越族人。同时，历代流人贬官的流放，对提高岭南各地文化素质与文化水平，或多或少出过力。

岭南无数的先贤为岭南的发展做出了卓越的贡献。广州二沙岛南粤先贤公园设立南粤历史先贤人物雕塑群共56座雕塑，既有原籍广东的历史人物，如康有为、梁启超、洪秀全、孙中山等，也有非粤籍但在广东有重要影响的历史人物，如被后人誉为"开发岭南第一功臣"的南越王赵佗等。

56位南粤先贤包括：赵佗、杨孚、葛洪、冼夫人、陈文玉、惠能、张九龄、韩愈、包拯、余靖、周敦颐、苏轼、崔与之、文天祥、丘濬、陈献章、湛若水、黄佐、翁万达、海瑞、袁崇焕、陈子壮、屈大均、陈恭尹、陈璸、阮元、张维屏、关天培、林则徐、苏六朋、梁廷枏、朱次琦、陈澧、居巢、居廉、洪秀全、冯子材、邹伯奇、洪仁玕、丁日昌、容闳、张之洞、刘永福、陈启沅、张弼士、郑观应、黄遵宪、邓世昌、康有为、詹天佑、丘逢甲、梁启超、吴趼人、孙中山、冯如、朱执信。

南粤先贤雕塑群是悠久辉煌的岭南文化的一座丰碑。

陈毅元帅1957年春游广东，写下了《广东》诗句，其中写道："百粤自来形胜地，人民建设更生光。" 形胜是中国文化中特有的概念，谓山川壮美、地势优越之胜地。

岭南人杰地灵，山河秀美，自古以来是形胜之地。

大庾岭梅关古道是古代中原与岭南交通要道

"岭南第一关"梅关关楼

岭南形胜行 黄智华

目录 CONTENTS

百粤群山之祖 /10
粤岳罗浮雄峙岭南 /10
葛洪修道罗浮山 /12
炼丹洗药"逆"为仙 /14
青蒿治疟之源 /16
洞天福地冲虚古观 /17
乾坤石显阴阳之"道" /18
元帅楼见证光辉历史 /20

钟灵毓秀显仙踪 /23
"金丹""内丹"罗浮仙道 /23
万籁此俱寂 /24
仙蟠桃化作"飞来石" /26
仙人"遗履"以燕代步 /28
蝴蝶洞羽化登仙 /30
鹰嘴岩守护一方山水 /32
天象台穿越时空隧道 /34
黄龙洞"飞龙在天" /36
酥醪观和罗浮隐士 /38
华首台与万佛塔 /40

岭南"洞天"之韶关丹霞山 /43
韶关形胜"重关横锁" /43
"五龙"环绕大盆地 /44
三"龙珠"汇奇异精气 /46
生生不息丹霞山 /48
形似巨载的长老峰 /50
别传寺和福音峡 /52
锦石岩和"卧佛" /54

目录

翔龙湖如青龙腾飞 /56
绝壁悬空仙居岩道观 /58
大音希声　大象无形 /60
奇景阳元石和阴元石 /62
阳刚与阴柔的交响曲 /64

巍峨南岭显神韵 /66
南岭山系现"龙"形 /66
三省发脉地　纯美万时山 /68
岭南大草原和飞水寨瀑布 /70
生态屏障南岭国家森林公园 /72
登上广东第一高峰 /74
大地裂痕乳源大峡谷 /76
乐昌金鸡岭"凤"聚之地 /78
连州地下河和湟川三峡 /80
连南百里瑶山千年瑶寨 /82

岭南山川如此多娇 /84
英西峰林与洞天仙境 /84
清远金龙洞天然"聚宝盆" /86
道教福地飞霞山祈福 /88
飞来峡水利枢纽 /90
北回归线绿洲鼎湖山和七星岩 /92
"三教"融合之地西樵山 /94
广东最美海岛海陵岛 /96
南宋古沉船与海上丝路 /98
过外伶仃岛"过伶仃洋" /100
桂林山水甲天下 /102

岭南古刹宫观 /105
南禅祖庭韶关南华寺 /105
六祖故居和龙山国恩寺 /106
六祖剃度地广州光孝寺 /108
云门宗道场乳源云门寺 /110
佛冈观音山王山寺 /111

岭南形胜行 黄智华

贤令山北山古寺佛国世界 /112
岭南最古老孔庙德庆学宫 /114
梧州龙母庙和德庆龙母祖庙 /115
漱珠岗纯阳观藏"灵窍" /116
五仙古观现"仙人拇迹" /117

两千年历史　悠悠广州城 /118

白云山是羊城大靠山 /118
越秀山镇海楼"雄镇海疆" /120
广州古城和传统中轴线 /122
现代大都市的中轴线 /124
"藏风聚气"的民间中轴带 /126
"九龙"归洞"火凤凰"呈祥瑞 /128
广州城区地形如张口"龙头" /130
东西两列气脉作屏障 /132
国际化大都市脉搏带 /134
珠江诸岛构成"茶壶"形宝地 /136
珠江古三塔与新三"塔" /138
岭南第一泉从化休闲地 /140

岭南山水经 /142

南岭珠江千里来龙 /142
三江汇聚珠江三角洲 /144
有"龙一族"护西江东行 /146
西江要冲粤语发祥地梧州和封开 /148
"九龙"山水海大结穴 /150
西江大转弯迈入"珠三角" /152
大卧佛孔圣庙坐镇三江口 /154
萌渚岭余脉南下展龙姿 /156
莽山瑶山大东山脉脉相承 /158
大庾岭、滑石山脉与北江同行 /160
青云山脉和"结穴"地芙蓉嶂 /162
六百年后王者出 /164
洪秀全故居现"五爪金龙" /166
南昆山支脉吐出白水仙瀑 /168

九连山接武夷山连上"长三角"/170
罗浮山脉守护东江西行 /172
岭南千年古城龙川佗城 /174

岭南海经 /176
 粤西沿海山系似蛟龙 /176
 粤西海滨第一滩 /178
 春湾石林龙宫岩鬼斧神工 /180
 南国洞府凌霄岩崆峒岩 /182
 开平碉楼与村落 /183
 中山翠亨村山环海抱 /184
 莲花山脉"五爪"伸出大海 /186
 "凤凰"来仪 阴那山显"灵光" /188
 粤闽咽喉南澳岛 /190
 醉美红海湾和碣寮湾 /192
 万山群岛如朵朵莲花 /194
 珠江口八大门"出气口" /196
 山水有情造就大都市 /198
 "五龙头"相聚珠江口 /200

后记 智慧岭南 /202

百粤群山之祖

粤岳罗浮雄峙岭南

"天有咎度，人之脉穴同其源。地有山河，人有脉络合其妙，三百六十，无非脉之贯通。八万四千，尽是肤之穿透"。

其实，天上的日月星辰就是宇宙的穴位，其运行轨道构成"天脉""气脉"。地上的山川地理对应上天的日月星辰，天有金木水火土五星，地有五岳，而人之脉络气穴应合了上天日月星辰和大地山川地理的妙理。

大地与人体一样同样有骨骼、气脉、穴位、血脉。上天元气（龙气）融于山，山就被神化了，山虽然静止不动，但一高一低，连绵而行，像是气在其中运行，"龙气"如同人体的气脉，气脉的运行有强有弱。

绵延不断有生气的山脉被称为"龙脉"，其走向如同人体主要的骨骼，重要山系如中国的四列九山。大地重要的气息藏聚之处称为"龙穴"，好比人体的重要穴位，为都市处之。大地的江河走向如同人体的血脉，重要的如中国的长江、黄河、珠江，还有数不清的分支流。富有精气的江河之水的流动，带来了生气和大地生命的基础。

大地上重要的山穴为天地交感之所，上接上天的鸿蒙气息，也就是道教所指的洞天福地，为"结气所成"。

罗浮山群峰与湖泊交融相济

百粤群山之祖

"洞天"意指山中有洞室之气通达上天，是地上的仙境；"福地"是指得福之地，多为真人所主宰，是次于洞天一级的仙境。道教认为，洞天福地乃众仙所居，道士居此修炼或登山请乞可得道成仙。

道教的洞天福地大多位于中国境内的大小名山之中，包括十大洞天、三十六小洞天和七十二福地，五岳包括在洞天之内。

所谓象天法地，洞天福地与天上的大天世界相对应。道教说宇宙创世有三十六层天，北斗丛星中有七十二个地煞星，古以为天地阴阳五行之成数。

岭南有四大名山，分别是罗浮山、丹霞山、西樵山、鼎湖山，此外乐昌金鸡岭、清远飞霞山、佛冈观音山、广州白云山也是岭南名山，合称八大名山，这自然也是人间仙境，洞天福地。

另外，道教所说的洞天福地，在岭南地区主要有：第七大洞天罗浮山朱明洞天，在广东惠州博罗；第十九福地飞霞山，在广东清远；第二十福地安山，一名白云山，在广东广州；第二十八福地陶公山，在海南海口；第二十九福地鼎湖山，在广东肇庆；第三十福地泐溪岭，在广东乐昌；第三十四福地泉源洞，在广东惠州博罗；第四十九福地静福山，在广东连州。

第七大洞天罗浮山景色秀丽，是我国道教十大名山之一，秦汉以来号称仙山。罗浮山是罗山与浮山的合体，方圆260多平方公里，向来称为"百粤群山之祖""岭南第一山"。汉朝史学家司马迁在《史记》中把罗浮山比作"粤岳"："大荒之内，名山五千，其在中国，有五岳作镇；罗浮、括苍辈十山，为之佐命。"它与广东佛山南海境内的西樵山并称为南粤二樵，故它又有东樵山之称。

东晋袁宏称："罗山自古有之。浮山本蓬莱之一峰，尧时洪水泛海浮来傅于罗山。"也有传说，罗浮山是两条神龙化形罗山和浮山结合而成。

据地质学家考证，罗浮山形成于7000万年前中生代侏罗纪和白垩纪时燕山运动时期，这一带地壳发生断层，花岗岩体受挤压而隆起，经过长年的自然侵蚀，形成了现在奇峰林立的罗浮山。

罗浮山景区内有大小山峰432座，飞瀑名泉980多处，洞天奇景18处，石室幽岩72个，并原有九观十八寺二十二庵等道佛宫观寺院点缀其间。罗浮山的主峰是飞云峰，海拔1296米，高空俯瞰似一朵昂首怒放的千瓣莲花。

罗浮山地处北回归线，属南亚热带气候区。这里高温、多雨、土层厚，形成南亚热带的天然植物园，常绿乔木与阔叶林和众多的藤本、草本等植物计有3000多种，其中中草药约有1240种。

罗浮山满山皆甘泉，泉水终年不竭，其中冲虚古观内的"长生井"泉水、宝积寺后的"卓锡泉"、酥醪观旁的"酿泉"，为罗浮山三大名泉。

罗浮山，物华天宝，人杰地灵，山清水秀，山林与瀑布、湖泊融为一体，充满着活力和灵气。

罗浮山是天然的中草药库

岭南形胜行 黄智华

葛洪修道罗浮山

罗浮山遍布奇峰怪石、飞瀑名泉、神奇烟云、洞天幽景，素有"神仙洞府"之称。传说吕洞宾、何仙姑、铁拐李等神仙都到过罗浮山修行，历史上众多文人墨客前来游览，如陆贾、谢灵运、李白、杜甫、李贺、刘禹锡、苏东坡、朱熹、陆修静、杨万里、屈大均等。

北宋著名文人苏东坡曾在罗浮山留下不少遗迹，如作了"罗浮山下四时春，卢橘杨梅次第新。日啖荔枝三百颗，不辞长作岭南人"的名句。

罗浮山为道教十大洞天之"第七洞天"，七十二福地之"第三十四福地"。据《神仙传》《列仙传》等记载，罗浮山最早来游者，是周灵王时浮丘公偕王子晋上嵩山，后得道于罗浮；秦朝的安期生到罗浮为秦始皇寻找不老之药，并采服山涧菖蒲而长生不老；汉代更有朱灵芝、阴长生、华子期、东郭延年等在罗浮修道飞升。

可以说，罗浮山道教起源可追溯到先秦时期，但罗浮山道教真正的开创者是东晋时期的葛洪。岭南道教发轫于葛洪在罗浮山结炉炼丹，罗浮山是源远流长的岭南道教文化的发祥地。

葛洪是东晋的道士，著名的道教理论家、医学家、炼丹术家，字稚川，号抱朴子，丹阳句容（在今江苏境内）人。葛洪生于公元284年，卒于公元364年，活了八十个年头。

葛洪出身江南士族，13岁时丧父，家境渐贫。他以砍柴所得，换回纸笔，在劳作之余抄书学习，常至深夜。乡人因而称其为抱朴之士，他遂以"抱朴子"为号。

葛洪伯祖父葛玄在道教被尊为葛仙翁、葛天师，为道教灵宝派祖师，与张道陵、许逊、萨守坚共为四大天师。葛玄曾师从炼丹家左慈学道，后以炼丹秘术传于弟子郑隐。

葛洪约16岁时拜郑隐为师，因潜心向学，深得郑隐器重，始读《孝经》《论语》《诗》《易》等儒家经典，尤喜"神仙导养之法"。郑隐的神仙、遁世思想对葛洪一生影响很大。

西晋太安元年(公元302年)，其师郑隐"知季世之乱"，"江南将鼎沸"，乃负笈持仙药之朴，携入室弟子，东投霍

先师葛洪

葛洪开创了岭南道教教派

山，唯葛洪仍留丹阳。

永兴元年(公元304年)葛洪加入吴兴太守顾秘的军队，任将兵都尉，与石冰的农民起义军作战而立功，被封为"伏波将军"。事平之后，葛洪即"投戈释甲，径诣洛阳，欲广寻异书，不论战功"。

葛洪后绝弃世务，锐意于松乔之道，服食养性，修习玄静，遂师事鲍靓，继修道术，深得鲍靓器重，以女儿鲍姑许配。建兴二年(公元314年)，葛洪返回家乡，隐居深山，从事《抱朴子》的创作。

东晋开国，念其旧功，赐爵关内侯，食句容二百邑。咸和二年(公元327年)，葛洪隐居于罗浮山。他在朱明洞前建南庵，修行炼丹，著书讲学传道，南庵后来建成岭南道教的祖庭——冲虚古观。因从学者日众，他又增建东西北三庵(东庵九天观、西庵黄龙观、北庵酥醪观)。葛洪晚年一直在罗浮山修炼和著书。

他主张神仙养生为内，儒术应世为外，强调"欲求仙者，要当以忠孝和顺仁信为本。若德行不修，而但务方术，皆不得长生也"。

葛洪妻鲍姑从小生长于仕宦兼道士家庭，深受道教影响，后从夫在罗浮山行医炼丹，采药济世。

鲍姑医术精湛，尤长于灸法，以治赘瘤与赘疣擅名。她因地制宜，就地取材，以罗浮山盛产的红脚艾进行灸治，取得显著疗效，是我国第一位女针灸家。罗浮山原有鲍姑祠、鲍姑井，后湮灭。

相传葛洪夫妇还曾在南海西樵山和广州越岗院(即今三元宫)研究炼丹术和医学，并常行医于百姓之间。

广州三元宫为南海郡太守鲍靓为其女鲍姑兴建的修道采艾行医场所，初名越岗院，明代重修后改名三元宫，主祀上、中、下三元大帝。昔日鲍姑采集越秀山草药红脚艾，配以院中井水，制药以灸赘瘤，救人无数。鲍姑仙逝后，民众感其医德善功，集资塑像，祀奉院内，是为鲍姑宝殿。鲍姑行医配药用过的井，后人珍存，名为虬龙古井。

葛洪晚年一直在罗浮山修炼和著书（罗浮山麻姑峰村壁画）

葛洪著述丰富，阐扬道教理论，开创了岭南道教教派，为道教南宗灵宝派之祖，成为中国道教历史上非常重要的里程碑。

罗浮山麻姑峰有一神似葛洪面貌的巨石，该"人面"发髻、眼睛、鼻子、嘴巴等清晰可辨，双目紧闭，脸面朝天，仿佛是葛洪在修炼，时刻采吸着上天的元气，并将上天的和谐之气带到人间，保佑人间风调雨顺、国泰民安。

麻姑峰有一神似葛洪面貌的巨石

百粤群山之祖

炼丹洗药"逆"为仙

冲虚古观后有座"稚川丹灶",为罐形炉鼎,相传为当年葛洪炼丹之炉。因葛洪字稚川,所以"稚川丹灶"和"葛洪丹灶"意思完全一样。

相传葛洪当年就是用此丹灶炼出七七四十九天的"九转金丹",服后羽化成仙。他所总结"丹砂烧之成水银,积变又还原成丹砂"的经验,是世界化学史上最早的分解化合的文字记载。他是世界上最早发现丹砂可以炼成水银,水银还原成金丹的人,是世界化学始祖、电镀业的奠基人。

"稚川丹灶"由炉座、炉身、炉鼎三部分组成,高3.54米。炉座是用24块青麻石头按阴阳八卦形状砌成,按方位分别刻有乾、兑、震、离、坎、巽、艮、坤八角图形,以及瑞鹤、麒麟等灵禽异兽和各式图案。

炉身呈正方形,高2.45米,宽1.02米,边角有四根八角形青石柱,每根柱的上端均雕刻有栩栩如生的云龙浮雕。炉鼎呈葫芦状,用青麻石雕成。

老子说:"一生二,二生三,三生万物。"灶体的炉座、炉身、炉鼎三部分代表着天地人"三才""三生万物"。

无极而太极,"太极"为一,为天地未开、混沌未分的状态,是分清、浊,谓阴阳"两仪"。"两仪"阴阳合而化生三,即天、地、人"三才"。天主气,地主精,人主神,人为众生的代表。天、地、人"三才"既立,则万物生成。

"三才"显四象:东青龙、西白虎、南朱雀、北玄武,四象演五行(木、火、土、金、水)、六合(上、下、左、右、前、后)、七星(天枢、天璇、天玑、天权、玉衡、开阳、瑶光)、八卦(乾、兑、离、震、巽、坎、艮、坤)。

八卦代表着大自然8种基本元素,就像8只大口袋,将大自然的基本现象囊括其中,把宇宙中的万事万物都装了进去。

八卦加中宫为九宫,即乾宫、坎宫、艮宫、震宫、中宫、巽宫、离宫、坤宫、兑宫。

在一定角度上说,八卦代表着空间和方位,而有了中宫,就有了空间运行的相对轨迹,即时间的概念,所以九宫其实就是代表着基本的时间和空间。

九宫也代表天上运行的九星,如果以太阳为中宫作为参照物,于是八星在空间存在的基础上,就有了基本时间运行的时空概念。

八卦互相搭配又演成六十四卦,用来进一步象征各种自然现象。

"稚川丹灶"所砌的24块青石象征着二十四节气（时间），八角方位象征八卦（空间）。大自然最基本运行的时间和空间聚在一起，这丹灶便构成了一个小宇宙，所炼成的"丹"自然也就是一个"小宇宙"。

八卦和二十四节气也代表着时空万事万物万有，"丹灶"将这万事万物的时空万有来"炼"，就是把老子的"一生二，二生三，三生万物"，逆转成万物化回三、三化回二、二化回一的状态。

"一"为宇宙的先天元气，万物的外在万有景象都是宇宙本体的外在各种表现。"神仙"其实就是先天本体元气，因万物万有的本原是同一的，所以神仙能穿越万物万有，而融于和变化万物万有。

所谓顺则为人，逆则为仙。葛洪"炼丹"就是将宇宙外在的"万有"逆炼回成先天本体元气，通过服用这先天元气"丹药"，使身体产生"质"的变化，最终羽化成仙。

传说葛洪炼丹炼了三炉七七四十九粒"九转金丹"。葛洪81岁那年，金丹炼成后，葛洪夫妇服用了自炼的第一炉金丹而升仙，而第二炉金丹留给了大弟子黄大仙吃。传说黄大仙还未把一颗金丹吃完，就已能腾云驾雾，一步能跨十万八千里。

在道教来看，葛洪"炼丹"的方术称作"外丹术"，"外丹"是一种由丹砂、铅、汞等矿物石炼制而成的药物。炼丹者通过炼丹服用达到长生不老而成仙的目的。

外丹术在我国起源甚早，约产生于汉武帝时，当时方士李少君"化丹砂为黄金"以作饮食器，就是烧炼金丹。北朝时外丹得到进一步发展，唐时臻于兴盛，出现了孙思邈、陈少微、张果等炼丹家，服食外丹亦成为一种社会风气。

"稚川丹灶"旁有八角形水池，为"洗药池"，相传是葛洪和妻子鲍姑当年洗制中草药的地方。

罗浮山是天然的中草药库，罗浮30余载，葛洪发现并记载了1200多种草药，潜心完成了200多部著作，包括《抱朴子》《肘后备急方》《金匮药方》等，在急救、医药、针灸、养生、化学、论道等领域意义重大和产生了深远的影响。

中草药代表的是"五行"的不同能量，通过中草药配伍，使人体遭到破坏的阴阳动态平衡得以恢复。中草药也是一种"丹药"，具有防病治病，健康益寿的功效，有些可视为"仙丹"，通过服用和修炼，能够返老还童，甚至"逆为仙"。

相传葛洪当年用此丹灶炼出"九转金丹"

"洗药池"相传是葛洪和鲍姑当年洗制中草药的地方

青蒿治疟之源

葛洪在其所著《肘后备急方》一书中，最早记载一些传染病如天花、恙虫病症候及诊治，其中"天行发斑疮"是全世界最早有关天花的记载。

另外，该书"治寒热诸疟方第十六"中"青蒿一握，以水二升渍，绞取汁，尽服之"，这不仅是祖国医学而且也是世界医学史上用青蒿治疟的最早记载。

青蒿是一年生草本植物，具有抗疟、抗菌、解热的功效。疟疾是世界性传染病，每年感染数亿人，并导致几百万人死亡。青蒿抗疟的发现，使疟疾的治疗取得重大突破。

20世纪六七十年代，中国女药学家屠呦呦及其团队与国内其他机构合作，经过艰苦卓绝的努力，并从葛洪《肘后备急方》等中医古典文献中，特别是"青蒿一握，以水二升渍，绞取汁，尽服之"的记载中获取灵感，先驱性地发现了青蒿素，开创了疟疾治疗新方法，世界数亿人因此受益。

2015年10月5日北京时间17时30分，瑞典卡罗琳医学院宣布将2015年诺贝尔生理学或医学奖授予中国女药学家屠呦呦，以及另外两名科学家，以表彰他们在寄生虫疾病治疗研究方面取得的重大成就。

中国首个科学诺贝尔奖与罗浮山，与1700多年前的葛仙翁发生了联系。

罗浮山"仙人洗药池"畔立了一块"青蒿治疟之源"的石碑，以纪念葛洪在医学中的突出贡献。石碑周围人们还种了一片青蒿、艾草、金银花、布渣叶、三叉苦、黑老虎、金丝楠、救必应、女贞子、虎杖等中草药植物，现今的罗浮山成为了科普教育的场所。

"青蒿治疟之源"石碑

青蒿用于暑邪发热、疟疾寒热等治疗

洞天福地冲虚古观

罗浮山有一座道教洞天福地"冲虚古观",为葛洪于东晋咸和二年(公元327年)创建,初为葛洪修道炼丹南庵,宋哲宗元祐二年(公元1087年),赐名"冲虚古观",取"元始天尊生于太元之先,禀自然之气,冲虚凝远莫知其极"之意,以后历代均有修葺,现有规模,是清朝同治年间重修。

冲虚古观历代香火鼎盛,古观坐北向南,背枕马山,右侧是狮子峰,有如威猛的雄狮在蹲伏,左侧是象山,恰似巨象在驰骋。

古观位"龙穴"之地,前望梅花山,南临白莲湖,周围马山、狮子峰、象山就像是三面护卫着古观的神兽。

冲虚古观是全国最有影响的道教宫观之一,杭州黄龙观、香港黄大仙庙、马来西亚黄龙庙、新加坡黄龙庙等,均认它为"祖庭",都是由冲虚古观分支出来的。

冲虚古观前为放生池和星宿广场,与古观融为一体,这里为洞天福地的中央之穴,纳风水四象之气,并与高峰鹰嘴岩下的天象台北斗七星广场相呼应。

放生池有一"玉龙"正对着冲虚古观,或许冲虚古观对应着上天的北斗七星,是北斗七星君下凡的落脚点,"玉龙"正时刻守卫着古观和采吸着古观的灵气。

古观殿内供奉有玉清元始天尊、上清灵宝天尊、太清道德天尊的塑像。大殿东边有"葛仙祠",供奉葛洪和葛妻鲍姑。

冲虚古观有三奇:主殿三清殿被周围大树环绕,而屋顶却无落叶;观内无蜘蛛网;一口1600多年的"长生井",井水能治病。"三奇"至今仍为难解之谜。

百粤群山之祖

洞天福地冲虚古观

放生池内"玉龙"对着古观

岭南形胜行 黄智华

乾坤石显阴阳之"道"

冲虚古观四面环山，南临白莲湖，处绝佳风水宝地

作者与冲虚古观观长赖保荣道长（左）

乾玉正面有点像牛头

冲虚古观坐落在朱明洞天景区内的绝佳风水宝地上，观内有一镇观宝石——乾坤石。

这乾坤石分为两部分，上为"乾玉"，寓意"国运兴隆，中华昌盛"，下为"坤石"，寓意"一带一路，四海护佑"。

从正面看，乾玉有点像牛头，老子以青牛为坐骑，代表着老子。而从乾玉坤石合体看，整体就像一个"道"字。

所谓"一阴一阳之谓道"，"道"体现的是阴阳相生相合，和谐统一，生机无限。

"道"字由"首"与"辶"构成，"首"指"头"，"辶"为"行走"，为"尾"。

"道"表示从头开始，行走到尾，周而复始，代表的是客观运动的规律和轨迹，一种自然的存在和动力。

从背面看，乾玉像一位智者头部，或许是正闭目思考的葛洪的象征。

乾坤石正对着刻有老子《道德经》的墙壁，乾坤石与老子《道德经》融合在一起。

老子是我国春秋时期伟大的哲学家和思想家、道家学派创始人。在道教中，老子被尊为道教始祖。老子《道德经》被誉为万经之王，是中国历史上最伟大的著作之一，对中国哲学、科学、政治、宗教等产生了深刻影响。

丙申年春节，我去罗浮山祈福游访。在乾坤石附近，我迎面碰到全国政协委员、中国道教协会副会长、广东省道教协会会长、罗浮山冲虚古观观长赖保荣道长。

乾玉背面或许是葛洪头部的象征

作者组织集体诵读和研究《道德经》

诵读《道德经》开启智慧之门

《道德经》被誉为万经之王（冲虚古观壁画）

早在7年前，我去罗浮山游玩，也是与赖道长迎面相遇而结缘，如今再次相见，更多的是说说闲话。

赖道长给我的印象是平易近人，听说我研究道学，他送了其编著的《罗浮弘道》一书给我，并在书上题写了"道镇东方"几个字。

依我看，赖道长所题写的"道镇东方"，其含意是：道家的基本信仰和道义是"道"，视"道"为造化之根、神明之本、天地之元。道家思想出自东方的中国，是中国固有的传统文化，东方是"道"的福地，"道"庇护着东方，"道"在东方弘扬光大，东方是"道"的化身。

在《罗浮弘道》一书中，赖保荣道长对"道"有一番见解：

道家和道教深藏着东方文化的精髓，概括而论，就是尊重自然，关爱生命与和谐宽容，尊重自然是道家和道教文化中最基本的思想。老子认为，"道"是宇宙万物创生的根源，是世界的终极原则；"道"的本性就是"自然"，所以"道"是自然而然地成为天、地、人的法则。

赖保荣道长认为，道教从整体宇宙观出发，将自然之道、治国之道、修身之道融为一体。以"天道无为，任物自然"对待世界，则生态平衡；以"清静宽容、休养生息"治理家国，则国泰民安；以"清虚自守、卑弱自持"修身养性，则长生久视。而在每一个具体的领域，讲"唯道是从"，也就是必须唯和谐之道是从。

赖道长娓娓而谈，他指出，天地之道也就是自然之道，自然"无为而无不为"。自然本身是无目的的，但无目的地运动的自然却能创造出秩序井然的和谐世界。因此，人在自然面前，只能顺应自然地利用自然，不能以自身的主观意志随意地改变自然万物的本性，强求自然与自身一致，而要保持人和自然的和谐关系。

百粤群山之祖

岭南形胜行 黄智华

元帅楼见证光辉历史

罗浮山为"龙气"所聚之地，据史料记载，明代军师刘伯温曾测算出罗浮山有"真龙横卧罗浮峰，百里盘桓豪气冲"之势。

罗浮山南麓为朱明洞天，是由象山、狮山、梅花山、马山环抱而成的小天地，仿若世外桃源，是罗浮山风光精华的所在。

朱明洞天是罗浮山十八洞天之首，是道教第七洞天、第三十四福地。朱明洞天前临溪涧，背靠青山，林木参天，内套桃源洞、蓬莱洞、蝴蝶洞、青霞洞、两仪洞、泉源洞、梅花洞共7个小洞天。

朱明洞天景区内有白莲湖、会仙桥、星宿广场、冲虚古观、东江纵队纪念馆、元帅楼、大礼堂、将军楼、东坡亭、洗药池、稚川丹灶、飞来石等建筑及名胜古迹。

洗药池附近有东坡亭，于清朝道光年间为纪念苏东坡的"东坡山房"而建造。在北宋绍圣元年（公元1094年），苏东坡被贬惠州，年近六旬的他登临罗浮山，传说他在此搭建山房，拟学葛洪修炼丹灶。

此亭为四角形，每角由青石方柱撑起，亭柱上刻有对联："丹灶药池留胜迹，鸟声花影得仙机。"写出苏东坡厌恶官场黑暗，渴望幽闲恬静的心态。

东坡亭、洗药池附近是大礼堂、元帅楼和十座将军楼等建筑。

20世纪60年代，共和国十大元帅中有朱德、刘伯承、贺龙、陈毅、徐向前、叶剑英等多位元帅，以及众多为中国解放事业立下赫赫战功的将军们，前来罗浮山度假疗养。

元帅楼坐落在朱明洞内，在元帅楼旁洞天门口一巨石上，刻着"朱明洞"三个字，旁边有"伏狮石"和"伏象石"，这两块石似乎是在守护着"朱明洞"的山神。

东坡亭

元帅楼

元帅楼坐落在朱明洞内

建于20世纪50年代的大礼堂

大礼堂建于20世纪50年代，当时主要用于召开军事会议和举办大型文艺演出。礼堂正门前有升旗台，其规格是按点将的功能建造的，原有的"点将台"是用土堆成的一个草铺高坡，昔日为纪念伏波将军葛洪而修建。

另外，也传说明代军师刘伯温辅佐朱元璋攻占岭南时，曾二度登临罗浮，一次他登临点将台时，不由感叹：罗浮乃龙脉沉降积聚的至尊至贵之格，其富其贵，是天地造化。

冲虚古观附近建有一座东江纵队纪念馆。纪念馆广场的右侧，立有一组人物雕像，其主题是：东江纵队将士，前赴后继，永远向前。

东江纵队纪念馆是一座历史丰碑，它记载了东江纵队抗日救国的宏伟历程，它焕发出凛然正气，激励着人们不断追求正义。

在近代史抗日战争时期，冲虚古观曾是中国共产党领导的广东人民抗日游击队东江纵队司令部所在地。

大礼堂、元帅楼、十座将军楼和东江纵队纪念馆，是光辉历史的见证。

百粤群山之祖

当年罗浮山驻满东江纵队部队（东江纵队纪念馆雕像）

"执大象，天下往"，桃源小洞天的"象"形石为"大道"的象征

钟灵毓秀显仙踪

"金丹""内丹" 罗浮仙道

那一年,我与一群武术养生爱好者到罗浮山采气、祈福、观光。在冲虚古观,我与罗浮山广东道教学院负责人信威道人结缘。

据信威道人介绍,罗浮山最早来游者是秦代安期生,之后,汉代朱灵芝又在此设立斗坛,他承传安期生"金丹之法",在罗浮山长期隐居修炼,被道界称为朱真人,罗浮山因而名号"朱明耀真洞天"。现朱明洞中,当年朱真人讲学时的斗坛遗址仍保存完好。

"金丹之法"一直传承到晋代,犹如舒枝散叶般在罗浮山展开,慕仙方士接连而来。秦汉以来,试图成为神仙的人多以五金、八石为药物炼制长生不老的"金丹",他们把这种方术称之为炼丹术(外丹),在罗浮山这块洞天福地里面,葛洪最有建树。

到隋开皇年间(公元581—600年),生于晋太康时年已300余岁来罗浮山修行的道士苏玄朗,自称得大芳居秘旨,撰写了《旨道篇》,阐明了内丹修炼之法,后又纂写《龙虎金液还丹通玄论》,归神丹于心炼,开启了中国道教内丹术之学说。

苏玄朗用外丹名词解说内丹,提倡"性命双修",言曰:"天地久大,圣人象之。精华在乎日月,进退运乎水火。是故性命双修,内外一道。龙虎宝鼎,即身心也。身为炉鼎,心为神室,津为华池。"

所谓"内丹"也就是人体之内的"金丹",它是与"外丹"相对而言的,是从人体自身寻找基本的原材料,通过特殊的修炼而得到的一种内在药物。

"内丹术"是以天人合一思想为指导,以人体为鼎炉,精、气、神为修炼的药物,通过积聚能量,意守三丹田,打通任督二脉,疏通自身经络,使内气充盈,而在体内凝炼结丹形成可以滋补人体的"大药"。其修炼一般可分为5个阶段:炼己筑基、炼精化炁、炼炁化神、炼神还虚、炼虚合道,这也是通过修炼逆转成宇宙本来先天元气的一种方式。

内丹修炼之术源远流长,从中华道教宗祖轩辕黄帝求道于广成子记载算起,内丹修炼实质已经历了五千年的发展历程。

外丹术与内丹术都具有道教的修道成仙的宗旨,而且在修道过程中都有"炼丹"的过程,目的是追求长生不老。

然而,由于外丹术难于掌握,多含有毒性,故进入宋代后外丹渐渐衰微,内丹修炼成为主流。

洗药池旁"丹石祈寿世"石刻

岭南形胜行

黄智华

万籁此俱寂

信威道人带我们参观元帅楼所在的朱明洞天。昔日，这里是一幢幢书院精舍，除葛洪外，据说安期生、朱灵芝、白玉蟾、湛若水等均到此修道炼丹，讲授玄学，据记载："讲学之盛，海内莫过于罗浮者。"

罗浮讲学之传统在今天得到了传承，在冲虚古观附近，狮子山下，建有广东道教学院、罗浮山道教养生研究院。

朱明洞天背靠青山，林木参天

信威道人带我们参观道教学院

这里环境清幽，绿树成荫，蝉声清脆，让我想到了唐代诗人常建的诗句："山光悦鸟性，潭影空人心。万籁此俱寂，惟余钟磬音。"

信威道人给我们介绍了道教学院的教学宗旨，他说，道教尊"道"为最高信仰，并教导人们学道、修道、行道、弘道。"道"的尊高和伟大，其最高体现就是"德"，道造化万物由德来蓄养，神明可敬也是因为有最高尚的德行。所以，道教尊道贵德，"道德"为道教纲要。

信威道人还说，早在1700多年前，隐居罗浮山修道炼丹的东晋道士葛洪就在罗浮山提出修道养生四守则：一是尊道贵德，以德济生；二是思神守一，内养元气；三是不为物累，戒欲修性；四是坚守日常养生诀。简言之，即德、守、戒、养。

的确，修道者须具有高尚的德性才可得道。立德就要在日常生活中不断提高自我修养，积累功德。修道者在内在的修持和外在的修为中要遵循"道"的德性，与大道同心，例如修身养性、洁身自好、清心寡欲、不尚名、不尚利、不妒嫉、不妄语、宽容待人接物、施恩不求报，不恣意杀生，特别是要济世利人，慈心于物，正信诚实。

此时，道教学院的课堂传来了朗朗的诵读声：

"观天之道，执天之行，尽矣。故天有五贼，见之者昌。五贼在乎心，施行于天……"

我仔细听之，哦，原来是学员在诵读《黄帝阴符经》。该书是一部高度精练的道教经书，全文500多字，包罗广大，含意丰富，以隐喻论述修身养性之道，历代认为其"辨天人合变之机，演阴阳动静之妙"。

其中心思想是告诫人们遵从天运自然造化、人天合一之道，法于阴阳消长、生死之理，明了五行生克制化之机，特别是首句"观天之道，执天之行"，提醒人们要顺应天地自然之道而为。

我听着听着，感觉句句扣人心弦，也不禁诵读起来，并抄录下来以备日常念诵：

观天之道，执天之行，尽矣。故天有五贼，见之者昌。五贼在乎心，施行于天。宇宙在乎手，万化生乎身。天性，人也；人心，机也。立天之道，以定人也。天发杀机，移星易宿；地发杀机，龙蛇起陆；人发杀机，天地反覆；天人合发，万变定基。性有巧拙，可以伏藏。九窍之邪，在乎三要，可以动静。火生于木，祸发必克；奸生于国，时动必溃。知之修炼，谓之圣人。

天生天杀，道之理也。天地，万物之盗；万物，人之盗；人，万物之盗。三盗既宜，三才既安。故曰：食其时，百骸理；动其机，万化安。人知其神而神，不知其不神之所以神也。日月有数，大小有定，圣功生焉，神明出焉。其盗机也，天下莫能见，莫能知也。君子得之固躬，小人得之轻命。

瞽者善听，聋者善视。绝利一源，用师十倍。三返昼夜，用师万倍。心生于物，死于物，机在于目。天之无恩而大恩生。迅雷烈风，莫不蠢然。至乐性余，至静性廉。天之至私，用之至公。禽之制在炁。生者死之根，死者生之根。恩生于害，害生于恩。愚人以天地文理圣，我以时物文理哲。人以愚虞圣，我以不愚虞圣；人以奇期圣，我以不奇期圣。故曰：沉水入火，自取灭亡。自然之道静，故天地万物生。天地之道浸，故阴阳胜。阴阳相推，而变化顺矣。是故圣人知自然之道不可违，因而制之至静之道。律历所不能契。爰有奇器，是生万象，八卦甲子，神机鬼藏。阴阳相胜之术，昭昭乎进于象矣。

钟灵毓秀显仙踪

养生包括修性和修命两个方面（会仙桥）

道教学院坐落在狮子山下

仙蟠桃化作"飞来石"

参观完广东道教学院、罗浮山道教养生研究院，信威道人带我们游览朱明洞景区的会仙桥、朱明亭、东坡亭、旷心亭、洗药池、稚川丹灶、两仪洞、蓬莱径、飞来石、遗履轩、仙人卧榻、泉源洞、蝴蝶洞等名胜古迹。

大礼堂附近是两仪洞景点，这里有一棵大树，枝繁叶茂，树根外露，树根分两支干展开，缠绕着一块大石头，巨石上刻着"两仪洞"三字。两仪洞是朱明洞内一个小洞天，比周边略下沉，犹如一个小山谷。

信威道人介绍说，相传当年有一道士在这里把炼丹炉中的土倒入水中，即刻产生阵阵白烟升起，初为两片，后来又分成四片，颇为幻象。道教认为太极生两仪，两仪生四象，四象生八卦，于是后人便将此地称为"两仪洞"，并刻石为记。

大树附近有一块大岩石，中间刻着"恬居"二字，还有一副楹联，横批是"立身行道"。另外有一巨石，上刻"栖霞丹室"四字，并刻有一首诗，诗云："葫芦里面有金丹，白日飞升本不难，我欲骑龙上天去，人间何处葬衣冠。"

这些题刻反映的是葛仙翁的真实心境，即立身行道、普度众生是道者之大境界。

走过两仪洞，上了坡路，就看到路边有一株植物，它的藤互相缠绕，像是巨龙过江，所以叫"过江龙"，这株"过江龙"是整个罗浮山至今发现的最为古老、年龄最大的"过江龙"。

据信威道人说，"过江龙"是罗浮山众多名贵草药之一，是一种非常神奇的解毒药材。"过江龙"最早应用在道教，道教炼制的丹药主要成分是重金属等剧毒物质，而常因服用不当造成了道士中毒甚至身亡，所以古时道士们往往服用这种草药来解毒。

两仪洞上方山坡是"桃源洞天"，这里有众多巨大岩石堆砌在两旁，留出一条登山路，犹如一线洞天。拾级而上，可见到岩石刻有"登云梯""蓬莱径""云根""云游"等字样，另外一石壁上有副楹联："石径有尘雨洗，洞门无锁云封。"

罗浮仙山，灵山秀水，洞幽岩奇，这些石刻与山里常年云雾缭绕、宛若仙境有关。

两仪洞是朱明洞内一个小洞天

钟灵毓秀显仙踪

刻有"云游"两字的巨石上有一块突兀的石块，名叫"飞来石"。据景区介绍，这"飞来石"的来历有着神奇的传说：相传明代时，有一天夜里，风雨大作，电闪雷鸣，地动山摇，第二天道士出门就发现云峰岩上屹立着一块原先并没有的大石头，据说这是上天从广西桂林月亮山调来镇守蓬莱仙道的神物。也传说，这可能是天上掉下来的流星石。

另也有传说，每年三月初三西王母寿辰，葛洪妻鲍姑以灵芝酿酒，为王母祝寿，岁岁如此。相传有一次，鲍姑带着王母赏赐的蟠桃返回时，不小心在此处掉下了一个蟠桃，蟠桃核化成了石头，蟠桃的肉和皮变成了泥土、林木、花草等。

可以说，关于这块石头的传说都是"飞来"或"掉下"而来的，所以叫"飞来石"。不管传说是否真实，人们相信，这是带来好运的吉祥石。

其实，"飞来石"是否真的"飞来"或"掉下"并不重要，这"飞来石"象征的是沧海桑田。

这就如相传浮山本蓬莱之一峰，尧时洪水泛海浮来傅于罗山一样，古时原本只有罗山，后来浮山东海浮来，连成了罗浮山。这"浮山"便可视为"飞来石"。

葛洪在《神仙传·麻姑》中写道："麻姑自说云：接侍以来，已见东海三为桑田。向到蓬莱，水又浅于往者，会时略半也，岂将复为陵陆乎？"

麻姑在片刻间亲见"东海三次变为桑田"。麻姑是长生不老的"仙人"，后世多以之象征长寿，在明代有画家作"麻姑献寿图"，以为人祝寿之礼品。

大海变为桑田，桑田变为大海，反映的是自然界变化大，世事多变，体现出大自然这造物主鬼斧神工的伟大的神奇力量。

在中国古代神话传说中，共工怒触不周之山、女娲补天的故事引人入胜。话说盘古开天辟地之后，共工与颛顼争帝，共工怒撞天的支柱不周山，支撑天的柱子折了，维系地的绳子断了。天柱倒，则天倾地陷。瞬时天地发生巨变，天向西北倾斜，日月星辰都向西北方移动；大地的东南方陷了，山海推移，河川变流，江河泥沙都流向东南。

后来，女娲炼石补"天"，"扶正"天柱不周山。补"天"之后，大地的五脉八山稳固，于是女娲"断鳌足以立四极，聚芦灰以止滔水"，四极正，四海宁静。

其实，"共工怒触不周山""女娲补天"讲的是远古时地球的山脉板块运动，使大海变成高山，高山变成大海。

共工和女娲，移山倒海，改天换地，成为大自然无形之手的化身，成为了造物主。

"桃源洞天"有众多巨石堆砌

"飞来石"象征的是沧海桑田

仙人"遗履"以燕代步

我们继续上山,来到"遗履轩"景点处,被一巨大形如靴子的石头所吸引。信威道人给我们讲起了"遗履轩"这石头的来历:

相传葛洪和丈人鲍靓经常在罗浮山"遗履轩"这地方高谈阔论,夜里两人往往一下子不知去向。鲍靓往来总有一双燕子,而他离这里路途遥远,白天却没见他坐马车来。

葛洪的大弟子黄野人日久生疑,一天,他想靠前看个明白时,忽见一双燕子飞出,而人语顿无。一连数日都是这样,黄野人百思不得其解。

一天,他约了几个小道士,预先躲在岩石旁,听言语而撒网,使那双燕子不能飞出,而当他们拉开网一看,却发现原来只是鲍靓的一双靴子。他们才明白葛洪、鲍靓这些仙人是"以燕代步"。

根据这个传说,后人便将这形如靴子的石头叫"遗履轩"以纪念此事。

《庄子·逍遥游》有个列子御风而行的故事:"夫列子御风而行,泠然善也,旬有五日而后反。"

意思是说,古时列子驾着清风而行走,那样子实在轻盈美好,而在十五天后方才返回。

葛洪和鲍靓这些神仙也类似驾着清风的列子,而把靴子化作一双燕子来"代

葛洪、鲍靓这些仙人是"以燕代步"(罗浮山麻姑峰村壁画)

"遗履轩"巨石及其上的"双燕亭"

步"。

在"遗履轩"巨石上面有个古雅的四角凉亭叫双燕亭,相传当年黄野人就是在此网得"双燕"。

"双燕亭"三字为清代东莞探花陈伯陶所书,亭柱两边有对联云:"陵谷未稍沉,立马山头看百粤;风雨时离合,流觞亭外正三春。"

在双燕亭旁有一块紧靠岩侧而平滑的石板,名"仙人卧榻"。"仙人卧榻"四个字是空瞻道人所题刻。

信威道人说,据传葛洪跟他妻子鲍姑,在山上采集中草药材,累了就在此休息,这也是他们夏日纳凉憩息的地方。虽然这石块不足六尺,但躺在石上正好合适,传说只要在上面躺上片刻,不仅可以消除疲劳,而且还可以消除腰酸腿痛。

据说,当年孙中山携廖仲恺游罗浮山时,曾卧此石,并风趣地说:"仙榻睡一睡(躺一躺),长命又富贵。"

看来,这"仙人卧榻"真有点仙气,我也在其上躺一躺,沾一沾仙气,也期望如信威道人所说的"消灾解难,一躺百病除,一卧永健康"。

我们继续沿着山路上行,哗啦啦的流水声让我们驻足而观,原来是一股清泉从一个名"泉源洞"的山洞中流出。这里的泉水清冽甘甜,是优质的天然矿泉水,据说古时道士炼丹用的水大多出自这里。

双燕亭旁有"仙人卧榻"

"泉源洞"得名于洞内有清泉渗出

钟灵毓秀显仙踪

岭南形胜行 黄智华

蝴蝶洞羽化登仙

泉源洞上行不远处是云峰岩下的蝴蝶洞，该洞为天然石洞，洞从山腰处穿插而过，全长300多米，是罗浮山十八洞天之一。洞内野藤缠蔓，溪水潺潺。

关于这蝴蝶洞，有个神奇美丽的传说。据信威道人讲解，传说葛洪在这里修道炼丹，采药济世，为民解除痛苦。葛洪80岁时，携妻子鲍姑同服自炼"九转金丹"，双双羽化成仙，当地百姓纷纷赶来送行，他们只见葛洪遗留下来的道袍化成碎片，变成千万只彩蝶盘旋起落。

最后，这千万只蝴蝶聚集于云峰岩下，于是人们将岩下的石洞称为蝴蝶洞。

信威道人还说，春夏之交，团扇大的彩蝶成双成对翩趾起舞，并时常联袂衔尾悬挂枝藤间结成一条蝶练，成为罗浮一大景观。

清代《古今图书集成》一书也记载道："罗浮山有蝴蝶洞，在云峰岩下，四时出彩蝶，世传葛仙所化。"

清代屈大均在《广东新语》一书曾对此传说作记述："罗浮大蝴蝶者，葛稚川之遗衣也。衣化为蝶，蝶复化为衣。"

而据《罗浮山志》所记载，"葛洪羽化时面色如生，身体柔软，举尸入棺，身轻如衣。"世人遂认为他羽化登仙了。如今罗浮山的葛洪墓为衣冠冢，墓里仅有葛洪的道袍鞋帽。

葛洪携妻子鲍姑双双羽化，并且葛洪的道袍变成千万只彩蝶，真有那么神奇？

对此，信威道人解释说，道教把得道之人，修炼到极致跳出生死轮回、生老病死谓羽化登仙。古代先哲认为，人有幼、少、壮、老，就像自然界有春、夏、秋、冬一样，也雷同昆虫的卵、幼虫、蛹、成虫四个形态的变化。人死就像昆虫从蛹羽化为成虫那样，将进入另一种境界，并不是真的"死"去。特别是修炼已入境界的得道者，离世时感觉身轻得似要离尘世飘飞而去，道教称之为羽化登"仙"。

"飘飘乎如遗世独立，羽化而登仙"。

神仙是什么？

葛洪在《抱朴子内篇·论仙》中引《仙经》将神仙分为三等：天仙、地仙、尸解仙，并称："上士举形升虚，谓之天仙；中士游于名山，谓之地仙；下士先死后蜕，谓之尸解仙。"

早期道教经典《太平经》将神仙分

罗浮山"仙气"迷漫

为六等：一为神人，二为真人，三为仙人，四为道人，五为圣人，六为贤人，并称："神人主天，真人主地，仙人主风雨，道人主教化吉凶，圣人主治百姓，贤人辅助圣人理万民录也，给助六合之不足也。"

其实，神仙（包括佛）是道的化身，是宇宙先天本来的元气，穿越宇宙无数维次时空，是遍布万化、无所不在的大道，从而出现"百千万亿化身"。

以我看来，宇宙的元气聚则成神仙佛道，散则为大千世界之万物，两者并无区别。《庄子·齐物论》有云："昔者庄周梦为蝴蝶，栩栩然蝴蝶也，自喻适志与，不知周也。俄然觉，则蘧蘧然周也。不知周之梦为蝴蝶与？蝴蝶之梦为周与？周与蝴蝶，则必有分矣。此之谓物化。"

万物都是道的化身，庄周与蝴蝶从道的角度看是无区别的，说有区别的是物的变化，或者说道演化出大千世界之万物，这叫物化。

古典小说《西游记》中所说的孙悟空有七十二般变化，其实代表的是七十二个分身和七十二个时空世界，但无论多少个分身和千变万化，这归根还是孙悟空，所以孙悟空与所变化出来的东西是没有区别的。

从一定角度说，孙悟空这神仙代表的是宇宙的元气，七十二般变化出来的东西叫物化。

望着蝴蝶洞，令人也想到罗浮山的另一富有特色的吉祥物——罗浮凤凰。罗浮山之西上界三峰有凤凰谷、凤凰潭，之北酥醪有凤凰台，之西北云母峰旁有凤凰岗。据说这些地方常有五色雀、凤凰出入其间，大率气脉自罗浮漫布。

据《罗浮志补》记载，宋朝熙宁年间，附近乡民看到一对巨大的凤凰，五采而文，遨翔峰际，有碧鸡、白鹤、青鸾等众鸟追随其后。凤凰飞到凤浴潭沐浴，浴后，羽翼更亮丽，凤冠更辉煌，凤爪更稳健，仿佛旧貌变新颜。当时，罗浮天空还出现七彩虹霞、百鸟翔集的奇观，所有的生灵尽情欢唱，共同欢庆凤凰的"新生"。

这是百鸟朝凤的吉祥图腾景象。

以我观之，罗浮山是有灵气之地，"四时出彩蝶"，并"常有五色雀、凤凰出入其间"，这些吉祥物的出现，以道来解，或为葛仙翁和诸神仙所化。或者葛仙翁及天界神仙以彩蝶、五色雀、凤凰为坐骑、代步，由于葛仙翁及天界神仙在天上隐身或化为一股吉祥之气，所以人们只看到彩蝶、五色雀、凤凰，而没有看到葛仙翁及天界神仙。

又或者从另一角度说，葛仙翁及天界神仙这股瑞祥的宇宙元气（或称紫气），经常"飘飘然"聚到罗浮山，或呈七彩虹霞，吸引了彩蝶、五色雀、凤凰等前来"采气"，所以也就见到"春夏之交，团扇大的彩蝶成双成对翩趾起舞"，百鸟翔集的情景了。

这是天下安宁的景象！

葛洪携妻子鲍姑在蝴蝶洞羽化登仙

岭南形胜行 黄智华

鹰嘴岩守护一方山水

游罢朱明洞景区的一系列景点后，我们登上了鹰嘴岩。

鹰嘴岩，又名伏虎岩，为一组花岗岩巨石，耸立于山脊线上构成石峰。这块石峰岩石，像老鹰的嘴，又像伏在地上的老虎，故称之为"鹰嘴岩"或"伏虎岩"。

从远处看，鹰嘴岩又像一只展翅欲飞的雄鹰，又像富有灵性的神兽，伏于山峰之上，仿佛在守护着罗浮山的山山水水和一方百姓的安宁。

鹰嘴岩下设有40级铁梯登顶，峰顶面积约100平方米，四周设置铁栏杆。登上鹰嘴岩，可眺望狮子山等远处风光。

狮子峰，海拔高度242米，位于冲虚古观的右侧，从鹰嘴岩上望去，此峰有如威猛的雄狮在蹲伏，伺机扑跃，因此叫狮子峰。

传说唐天宝初年，麻姑仙人曾降临此山，所以又名叫麻姑峰。唐天宝九年（公元750年），冲虚古观的道士办斋会，忽然看见有五色彩云起于麻姑台，其中何仙姑形象缥缈云端。由于这个传说，所以狮子峰历来被视为是神仙的云游之地。

鹰嘴岩的背后是罗山的飞云顶和浮山的上界三峰。飞云顶是罗浮山的最高峰，海拔1296米。

从飞云顶上眺望，可谓"四百峰峦江海上"，四百峰峦隐现于云海中，一派仙境。

明末清初"岭南三大家"之一的屈大均称："飞云西有三峰，亦峭绝鼎峙，午夜可候日，每当雨霁，白云汹涌而出，大风荡漾，乍往乍回，若尚在大海之中浮而未定。"

鹰嘴岩之下有一个巨大的广场，名"天象台"。

"天人合一""天人相应"是中国传统文化的思想，古人相信人的活动与天象变化有着必然的联系，并通过夜观天象来揣测天意而判断人事，所以如果天象异变，就说明人的活动有不当的地方，古人正是用这种方式判

罗浮山风光无限，可谓"四百峰峦江海上"

断社会的运行是否符合正道。道教也认为了解天象有助于求道证道,得道成仙。

天象台广场呈圆形,圆形中有方形图案,体现的是古人"天圆地方"的观念。

中国古代有"上下四方曰宇,往古来今曰宙"之说,"宇"表示无限的空间、地方的概念,"宙"表示的是无限的时间、天圆的概念。

"智欲其圆道,行欲其方正"。从文化角度看,"圆道"反映了中国道家通变、趋时的思想,"方正"是儒家人格修养的理想境界。

天象台广场方形图案内有一片圆形的草地,内有北斗七星相连的模型。北斗是由天枢、天璇、天玑、天权、玉衡、开阳、瑶光七星所组成。古代汉族人民把这七星联系起来想象成为古代舀酒的斗形。

北斗星在不同的季节和夜晚不同的时间,出现于天空不同的方位,所以古人就根据初昏时斗柄所指的方向来判断季节:斗柄指东,天下皆春;斗柄指南,天下皆夏;斗柄指西,天下皆秋;斗柄指北,天下皆冬。

"北斗七星"是道教崇奉的七位星神,即北斗七星君,这体现的是宇宙间七种神秘的力量。在道教中,北斗七星君是斗母所生,斗母也叫斗姥,即是紫光夫人。

以我看来,北斗七星是天上七股能量体,其相互作用下影响到大地万事万物的变化发展,所以就有《易经》"在天为象,在地成形,变化见矣"之说。

罗浮山为道教十大洞天之"第七洞天",仿佛北斗七星君下凡到了罗浮山这片土地上,化作了罗浮山几百座峰峦。

鹰嘴岩下的天象台广场或许就是当初北斗七星君下凡的地方。广场北斗七星模型所在之处,或许是北斗七星君分别的落脚点。

天象台广场的"北斗七星"对应着天上的北斗七星,时刻与天上的"神仙"沟通,时刻吸收着来自宇宙深处的鸿蒙之气。

鹰嘴岩这一"神兽",似乎又在守护着天上的北斗七星和这里的"北斗七星"阵。

鹰嘴岩背后是罗山的飞云顶和浮山的上界三峰

鹰嘴岩上可欣赏到狮子山风光

岭南形胜行 黄智华

天象台穿越时空隧道

鹰嘴岩下的天象台七星广场是罗浮山采吸天地灵气的好地方。

我们一群武术养生爱好者也脚踏着"星宿",移动着太极步,犹如漫步在太空之中,于丹田吐纳间,感受着天地间的难以言状的灵韵,进入了一种人天合一,万物与我一体的境界。

仿佛,耳际间萦绕着天籁之音;仿佛,我们飘游到了太空,踩踏着北斗七星。

北斗七星把我们送进了宇宙的深处,只见一团朦胧的,似乎是葛洪大仙形象的混沌之气扑面而来,我们仿佛被卷进了时空隧道。

不知过了多长时间,时空隧道不断收窄到极点,突然,"碰"的一声大爆炸,最终,我们穿出了混沌气团的时空隧道。

刹那间,出现了无比光明,葛洪大仙的形象变得无限大,充满宇宙太虚。哦!葛洪大仙就是宇宙太虚,宇宙太虚就是葛洪大仙。

无数维次的时空世界交织在一起,我们好像进入了大海之中,融合在无数维次的时空世界之内,似乎不分彼此,感觉到我就是宇宙时空,宇宙时空就是我。

在这大海般的时空世界之中,我们仿佛看到了鬼界阴间(地狱),十殿阎王正审判犯罪的鬼魂,这里是囚禁和惩罚生前罪孽深重的亡魂之地,充满痛苦、阴暗、恐怖。

我们仿佛看到了道教所说的欲界六天、色界十八天、无色界四天、种民天四天(四梵天)这三十二天,这每"天"就是一个时空世界,各有一个天帝管辖,这三十二天帝分处东、南、西、北四方,每方各有八天八帝。

欲界六天之中,形色可见,有欲念,人民男女交接,胎生后代;色界十八天之中,有色无情欲,男女不交接,人民直接由气化生;无色界四天之中,不仅没有情欲,而且没有形色,凡人无法看见其人,只有真人才能见到。此三界之中,犹未免于火、水、风三灾劫坏。

欲界、色界、无色界这三界共二十八重天,类同佛教十法界中的六道轮回的地狱道、饿鬼道、畜生道、人间道、阿修罗道、天上道。

我们仿佛看到了这三界诸天、六道,劫尽还坏,众生不断在三界诸天、六道中轮回。位于俗界的世人,修道有得者进入了天界成为天人,而作恶行的进入鬼道地狱。

三界中的天人皆智慧上品,从善功所

脚踏"北斗七星",梦游太空

得，自然衣食，飞行来去，逍遥欢乐，但死生之限不断，犹有寿命，自有长短。修道者跳出三界，到三界之外，方能超脱劫运和轮回。

突然，葛洪大仙充满宇宙太虚无限大的形象，一下子收缩到无限小，感觉上我们不存在了，无限大至无限小似乎在刹那之间，似乎无限大就是无限小，无限小就是无限大。

葛洪大仙的形象似乎不存在，幽幽冥冥，无色无味，无形无象，无边无际。

我们处于混沌虚无的状态，似乎，我们"跳出三界外，不在五行中"，成为了神仙！

我们这混沌虚无进入了道教所说的三界外的八天，即四梵天、三清胜境（三清天）以及三清天之上弥盖的大罗天。这三界外的八天，类似佛教十法界中的四圣界：声闻、觉缘、菩萨、佛。

道教说，四梵天之上是三清胜境，大罗天与三清胜境合称为圣境四天。三界、四梵天、圣境四天共计三十六天。

道书上说，大罗天是元始大道生化之处，胜境之极。大罗生玄元始三气，化为三清天：一曰清微天玉清境，始气所成；二曰禹余天上清境，元气所成；三曰大赤天太清境，玄气所成。这三清天分别由元始天尊、灵宝天尊、道德天尊三位天尊主宰。

三十六天中，三十五天总系于大罗天，大罗天没有终极，无限的存在和不存在。

我们混混沌沌，虚无缥缈，仿佛进入了无形无色，诸法空相，粉碎虚空，不生不灭，与道同真，常湛极乐的境界。

哦，这是清静真一之道气弥漫诸天，没有主宰的大罗天。无始之始，至无无始，无无无始，乃为先天。

飘飘渺渺之中，仿佛元始天尊于大罗天上，玉京山中，为诸天仙众说生天得道真经。

告诸仙曰：吾今为汝，略启身心，明宣道要。能屏众缘，永除染著。外相不入，内相不出。于正念中，乃得五脏清凉，六腑调泰，三百六十骨节之间，有诸滞碍。十恶之业，百八十烦恼之业，众苦罪源，悉皆除荡。

即引太和真气，注润身田，五脏六腑，心目内观，真气所有，清净光明，虚白朗耀。杳杳冥冥，内外无事，昏昏默默，正达无为。古今常存，总持静念，从兹解悟。道力资扶，法药相助，乃节饮食，驱遣鬼尸。安寂六根，静照八识，空其五蕴，证妙三元。得道成真，自然升度。

尔时，诸天仙众，上白天尊言：自从无始以来，至于今日，未闻如是大乘经典。我等缘兹幸会，广及一切道果圆明。而说偈曰：杳杳冥冥清静道，昏昏默默太虚空。体性湛然无所住，色心都寂一真宗。

忽然，仿佛传来了天籁之音：大道自然，自然而然，神仙众生平等相，诸存在不存在皆元始天尊、灵宝天尊、道德天尊。归去吧！

瞬时，元始天尊仿佛化为葛洪大仙，葛洪大仙向我们吹了口气。刹那间，我们回到了罗浮山天象台七星广场上，回到了或许比神仙还快活的现实世界中来！

黄龙洞 "飞龙在天"

游罢鹰嘴岩景区，我们到黄龙宫和黄龙洞景区祈福，首站到达的是黄龙宫。黄龙宫位于罗浮山西南端，是罗浮山重要的道教养生基地。

黄龙宫有太清殿，道教最尊贵的三清中的太上老君神像端居其中，吕祖洞宾和稚川葛仙神像分列两侧。主殿左右配观音殿、财神殿。

宫内还立有中华民族人文始祖伏羲塑像，我们虔诚参拜了伏羲神像，祈愿中华民族亘古昌盛，伟大祖国繁荣富强。

相传伏羲人首蛇身，与女娲兄妹相婚，生儿育女。他根据天地间阴阳变化之理，创造了八卦，以八种简单却寓义深刻的符号来概括天地之间的万事万物。

他创造文字结束了"结绳记事"的历史，又结绳为网，用来捕鸟打猎，并教会人们渔猎的方法，发明了瑟，创作了曲子。他倡导男聘女嫁的婚俗礼节，使血缘婚改为族外婚。

伏羲取蟒蛇的身、鳄鱼的头、雄鹿的角、猛虎的眼、红鲤的鳞、巨蜥的腿、苍鹰的爪、白鲨的尾、长须鲸的须，创立了中华民族的图腾"龙"，龙的传人由此而来。

我们参拜了伏羲神像后，在文昌殿念文昌经祈大智慧，以及在财神殿念财神经祈求更大的财富降临人间，各人把握好财富的机遇。

有一位老禅师说："今天是我们拥有的唯一财富，明天不论多么辉煌，它都还没有到来，而今天不论多么平常，多么暗淡，它都在我们手里，由我们支配。"

珍惜今天，随缘当下，这是当下的智慧。财富也是，今天要把握住机会，才能为我所用。

在黄龙宫祈福后，我们来到了黄龙洞景区。黄龙洞位于罗浮山大石楼、狮子峰之南，此洞以山水佳胜著称，洞内有黄龙观、八卦台、狮子洞、七星坛、涤尘桥、隐翠岩、观瀑亭、黄龙瀑布等景点。

黄龙宫环境清幽，是罗浮山道教养生基地

黄龙宫立有中华民族人文始祖伏羲塑像

黄龙观是罗浮山名观，依山而建

黄龙观是当年葛洪所建西庵的故址

钟灵毓秀显仙踪

　　黄龙观有"三师宝殿""三清宝殿"两座大殿，以及道学院、祖堂、仙苑等处，亭台楼阁位于山腰间。

　　黄龙观是罗浮山另一名观，原名金砂洞，以仙人遗金砂而得名。当年葛洪到罗浮山修道炼丹、著书授徒，并建有东南西北四庵，黄龙观所在位置即是西庵的故址。

　　据历史记载，五代时，南汉国后主刘岩梦见自己得到神人的指点，随后于大宝二年(公元959年)在西庵金砂洞一带建起一座行宫，取名天华宫。他亲临此行宫视察，甚感满意。晚上歇息之时，他梦见一条黄龙从宫侧腾身而起，一飞冲天。刘岩非常高兴，认为是国运永固之吉兆，就将金砂洞改名为黄龙洞，又取"飞龙在天"之意。

　　清代康熙年间，山东崂山派道士张妙升在黄龙洞中凭吊古迹，发现黄龙洞风水势旺，紫气东来，实乃修身养性、悟道论玄的最佳洞天，于是在天华宫的故址上，创建了黄龙观。此后，黄龙观逐渐成为道教全真龙门派的主要道观之一。

　　"文革"期间，黄龙观遭到了极大的破坏，殿宇尽毁。黄龙观于1993年得到重建。据说1997年10月黄龙观重新建成的开光之日，天边有两条带状白云，宛如游龙在飞舞，似乎向新观朝贺，约10分钟才隐隐散去，成千来宾啧啧称奇。

黄龙洞取"飞龙在天"之意

酥醪观和罗浮隐士

在罗山北面、浮山南面的深山幽谷之中，有一座被称为"神仙古洞"和"修养之福地"的酥醪洞。洞中名胜古迹有酥醪观、小蓬莱、白水门、拨云寺、忘机石、七姐潭、煮石处、凝碧潭等。

对于"酥醪洞"这一名称的由来，有一段传说。话说秦始皇统一六国后，为寻求长生不老之药，派出不少奇人异士到全国各地。琅琊（今属山东）人安期生学过神仙术，兼通医药，得秦始皇赏识，被派往南方求仙。

当安期生来到罗浮山北麓时，发现石壁下有一眼山泉，周围罗汉松环绕，正对北斗七星，有紫气升起。于是，他认为山中有仙道，便在此住下修炼。

据《集仙传》称："安期生与神女会玄丘，酣玄碧香酒，醉后呼吸水露，皆成酥醪。"酥醪洞由此得名。

罗浮山道教五大观之一的酥醪观是洞中的佳境，后倚青山，前临荷沼，旁有两山。酥醪观系葛洪仙翁所创建，原名"北庵"。

葛洪仙逝后，北庵日渐颓废。唐宋年间道人在北庵旧址建观，并取观名为酥醪观。古观明末失修，清代几经兴废修复。酥醪观主殿内供奉雷祖、吕祖和葛祖。

观内存有一张道床——混元床，据说近代蒋介石、陈济棠、蔡廷锴等曾在此床就寝。据说，当年时任黄埔军校校长、东征军总指挥的蒋介石在战事将展开之际，来到惠州罗浮山求签。经人介绍，蒋介石一行人来到酥醪观，抽了一支签，道长解道"胜不离川，败不离台"。蒋介石想请道长具体解释一下，道长只说："天机不可泄露。"

现在看来，该签意思是说如果蒋介石胜利了，就定都四川为好，如果失败了，则应退守台湾。

罗浮山东侧有白鹤洞，洞中松林常栖白鹤，故名。葛洪东庵即建于洞内。古白鹤观原为葛洪东庵，址在石洞西观场浦，明万历

酥醪观处深山幽谷之中

酥醪观旁有葫芦八卦池，流出的是甘泉玉水

九天观为罗浮山历史上五观之一

结庐在人境，大山之中有隐士

作者和德仙道人（左）

钟灵毓秀显仙踪

年间已开始颓坏。清朝康熙年间，道士孙天杖在冲虚古观西水帘洞口另建白鹤观。

距朱明洞冲虚古观两公里处有明福洞，洞中有九天观。九天观原名明福观，最初，明福观在泉源福地，南汉时建观，为罗浮山历史上五观之一。现存的九天观为民国时重修，正殿金阙宝殿，供奉北方真武玄天上帝。

在九天观附近的偏僻山间，有几间简陋的房舍，里面住着几位修行者，其中一位已是年近古稀的河南人，其他几位是他的徒弟。老者自号德仙道人。

他们的房舍坐落在大山之中一个小山坡上，山坡下有一片田地，他们平时种上蔬菜。种菜、素食、采药、养生是他们平时的工作与生活。

在简陋的山间房舍，我拜访了德仙道人。德仙道人年轻时曾云游四海、寻真问道，曾师从众多当代道门和佛门名师大德，并于1980年任少林寺的副当家，最后归隐山林。

谈到内丹修炼，德仙道人说，要达到长生就要结内丹，道家修炼就是要将人体的精气神与天地的精气神，即天上的日月星、地上的水火风合为一体，结成人体内丹，就是要采大自然的能量到自己的体内而入肾，然后化为精气神，使身体恢复和增强活力，丹道经书上叫"添油接命"，易经叫"天一生水"。

德仙道人所说的"添油接命"是道家文化独有的生精补气逆转乾坤大法。人体如无根的树，所以要通过外部的能量添油栽接维持生命的活力。《庄子》说"与天地精神相往来"，讲的就是这个意思。

武当派祖师张三丰在《玄要篇》讲了道家"添油接命"修炼的方法，其中说："气败血衰宜补接，明师亲授口中诀，华池玉液逐时吞，桃坞琼浆随日吸，绝虑忘思赤子心，归根复命仙人业，丹田温暖返童颜，笑煞顽空头似雪。"

采菊东篱下，独居幽篁中。德仙道人虽处罗浮山深处的偏僻山间，然草木葱葱，于穹谷幽林间，修炼丹道，行吟树下，弹琴复长啸，浩然自得，是为隐者之乐，这是彻悟人生真谛后的隐居乐趣。

"结庐在人境，而无车马喧。问君何能尔，心远地自偏。"东晋大诗人陶渊明这首诗句，正是许多归隐者追求自由闲适田园生活的写照。

山间结庐，独居幽篁中

岭南形胜行 黄智华

华首台与万佛塔

罗浮山的宗教建筑原有九观十八寺之多。九观包括：冲虚观、酥醪观、白鹤观、九天观、黄龙观、长春观、茶山观、何仙观、丛林观；十八寺包括：南楼寺、延祥寺、华首寺、明月寺、延庆寺、龙华寺、宝积寺、资福寺、香积寺、大慈寺、华岩寺、花手寺、东林寺、护圆寺、法云寺、太平寺、拨云寺、佛迹寺。

其中以五观五寺较为著名，五观即冲虚、酥醪、白鹤、九天和黄龙，五寺为华首、宝积、延祥、明月和拨云。

华首台门庭石上刻有"岭南第一山"和"闻钟发省"

据有关资料载，罗浮山的佛教史与敦煌有千丝万缕的联系，最早到罗浮山修行的僧人是单道开。单道开俗姓孟，敦煌人，公元359年南下罗浮，初时搭茅棚居住，后又隐寝石室，其踪迹所在难以寻觅。他只为潜心静修，自我完善，据说他在罗浮百岁归寿。单道开之后，到罗浮山修行的人接连不断。

梁武帝天监年间，有智药禅师入山，建了宝积寺；大同年间有景泰禅师入山结茅庵于小石楼；唐天宝年间，唐玄宗曾下旨立延祥寺、华首台和明月戒坛，使黄龙洞常有五百华首真人游会，自此，僧侣云集，佛事中兴，成为罗浮佛国著名禅林。

法云寺位于鹿角坑口，据《博罗县志》记载，即晦杲禅师云水庵也，建于明朝崇祯年间，崇祯末年寺僧智恬重修，易今名。

观音古寺原名"观音古庙"，始建于宋朝，距今已有千年历史。经世事变迁，古寺几经兴衰，现代历经数载，已修建成大悲殿、万佛楼、大雄宝殿、天王殿、钟楼、鼓楼等建筑。

黄龙观西、罗浮山西南麓孤青峰下有华首台，十八寺中以华首寺为"第一禅林"，距今已有1200多年

"人面子"树龄有1200多年

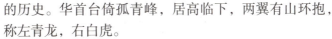

华首寺万佛塔

华首寺望海观音

的历史。华首台倚孤青峰，居高临下，两翼有山环抱，称左青龙，右白虎。

据华首寺住持介绍，很久以前，有五百华发老人聚集此地，听禅论道，故此地得名华首台。唐开元二十六年间，六祖惠能的一个弟子在此兴建寺院，皇帝敕封赐名"华首寺"。

华首台前有一门庭石，刻有"岭南第一山""闻钟发省"。

据史籍记载，这里原有一座钟楼，有贵客到即鸣钟欢迎。在华首台下有两块石头斜立，上合下开，30多米高的瀑布，飞泻直下，冲击岩石，雪珠四溅，那就是崖刻"飞云溅雪"景观的写照。

华首台侧有一棵千年古树，名为"人面子"，树高24米，树冠宽广，花繁叶茂，生机盎然。"人面子"古树为开山祖师所植，该树富有灵性，非常神奇，受损树洞都会自然愈闭，愈合的断面平滑，不似其他种类的树瘤那样粗糙。古树几经风吹雷击，依旧挺立，愈发苍劲。

"人面子"果入药有开胃、健脾、醒酒、解毒的功效。该树为华首寺一景，不少信众慕名前来参拜这树中的"老寿星"，祈祷家庭平安，事业兴旺。

华首寺建筑面积近万平方米，主要建筑有：万佛塔、望海观音、天王殿、大雄宝殿、五百罗汉堂、万佛殿和四面佛等。

万佛塔内供一万一千零一尊佛祖像。以我来看，一尊佛代表的是一个时空世界，一万一千尊佛代表的是三千大千世界。

《大智度论》中说："百亿须弥山，百亿日月，名为三千大千世界。如是十方恒河沙三千大千世界，是名为一佛世界，是中更无余佛，实一释迦牟尼佛。"

三千大千世界代表的是无数的时空世界，但都归于一尊佛，同一起源，故万佛塔内供有"一万一千零一尊佛"。

钟灵毓秀显仙踪

建于明朝崇祯年间的法云寺

重新修建后的观音古寺

粤北丹霞山是南粤最美的风景区

岭南"洞天"之韶关丹霞山

韶关形胜 "重关横锁"

韶关,古称韶州,历史上的韶州被誉为"岭南名郡"。相传舜帝巡奏"韶乐"于城北 30 公里处的石峰群中,该处的 36 石后来统称为韶石山,韶州因此得名。

韶关是一个四面环山的"盆底"形城市,位于广东省北部、北江上游,浈、武、南三水交会处,与湖南省、江西省交界,毗邻广西,素有"三省通衢"之称,在军事上有"一夫当关,万夫莫开"的险势。

韶州得名韶关始于明清之际,当时在今韶关市区先后设立水陆三个税关收税,在商贸上是"一吏当关,万物难出",后来商贾们将这里称为韶关。

从地貌看,韶关市地处南岭山脉南部,岩溶地貌广布、种类多样,以山地丘陵地貌为主,河谷盆地分布其中。韶关地区蕴藏着丰富的野生动植物资源,是全国重点林区,被誉为华南生物基因库,同时是"中国有色金属之乡",有"中国锌都"称号。

韶关地区的河流主要属北江流域,北江以浈江为干流,自北向南贯穿全境,武江、墨江、锦江、翁江、凌江、南水等大小支流密布。新丰县部分属东江流域。

韶关地处粤北山区,自然风光秀美,拥有世界级、国家级景区景点 17 处和省级及以下景区景点 100 多处,包括国家级和世界级风景区丹霞山、仁化石塘镇双峰寨、南宗禅法的发祥地南华寺、云门宗开宗道场云门寺、马坝人遗址、"石峡文化"遗址狮子岩、"地下宫殿"之称的古佛岩、古驿道梅岭古道、岭南第一围的满堂客家大围、客家八卦围、珠江三角洲居民发祥地珠玑巷,以及乳源南水狩猎场、乳源必背瑶寨、乳源大峡谷、乳源南水湖国家湿地公园、南岭国家森林公园、车八岭国家级自然保护区、韶关百丈崖风景旅游区,等等。

韶关市下辖曲江、浈江、武江 3 个市辖区,以及始兴、仁化、翁源、新丰 4 个县和乳源瑶族自治县,代管乐昌、南雄 2 个县级市。

韶关山水形胜,古称"重关横锁,万壑环趋"。韶关的曲江、浈江、武江 3 个市辖区,以及仁化、乐昌等部分地方构成一个盆地,为韶关地区的中心区,称为韶关盆地。

仁化县石塘镇双峰寨是少有的巨型寨堡

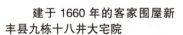

建于 1660 年的客家围屋新丰县九栋十八井大宅院

岭南形胜行 黄智华

"五龙"环绕大盆地

韶关以山地丘陵地貌为主，这些山地丘陵构成了5大山脉。韶关中心区的盆地四周被这5大山脉所环绕，西为瑶山山脉，北为南岭山脉蔚岭（小庾岭），东北为南岭五岭之一大庾岭，东南为滑石山脉，西南为大东山等一列。盆地西部、北部的山体尤为高大险峻。

依我观之，5大山脉犹如五条龙，环绕形成的韶关盆地就如同一个大龙穴、大龙洞，并且这几大山脉五条"龙"的龙头均对着这大龙穴"吐纳"，是龙气祥聚之处。

这5大山脉的背后是广西、广东、湖南、江西一带绵绵不断的山地、丘陵、山脉，犹如远方群龙纷至沓来，加上三江汇聚于河谷地带，呈现"五龙"戏水之格局。

自古以来，山环水抱之地是风水宝地。山是龙的势，水是龙的血，龙脉离不开山与水。在山川层峦叠护中，藏风聚气，使这盆地"龙穴"源源地充满着生气。

可以说，韶关中心区的盆地是岭南孕育生气之所，是岭南地区与上天元气沟通的"吐纳"口，如同人体的口鼻和腹部下丹田，同时各方群龙聚来，"龙气"上涌，体现为南岭一带山脉为南粤的最高峰。韶关中心区由四周高峰围成的盆地，也类同道教所说的一大"洞天"福地。

五条"巨龙"山脉伸向韶关盆地之处呈现出5处"龙穴"出气口，盆地西面瑶山山脉"出气口"为云门山大觉寺（云门寺）、乳源瑶族自治县、乳城。

盆地北面南岭山脉（蔚岭）"出气口"为乐昌市、龙王潭、古佛岩。位于乐昌市东北18公里处的龙王潭，集温泉、绿湖、奇山于一体。古佛岩位于乐昌市西南5公里处，因洞内的石笋和钟乳石，形状如仙似佛，而前

五大山脉犹如五龙环绕韶关盆地（该部分图示出自《广东省地图册》，广东省地图出版社2011年3月第6版，2014年12月修编）

人在洞内安放过佛像,在洞口又建有佛寺而得名。古佛岩景区主要分为古佛殿、观音殿、王母殿、玉皇宫、西游宫、逍遥宫和金龙殿等七个宫殿。

盆地东北面大庾岭"出气口"为仁化县、丹霞山。丹霞山有锦石岩寺、广东十大禅林之一的别传禅寺,以及仙居岩道观。

盆地东南面滑石山脉"出气口"为南华禅寺、曲江区。曲江区是13万年前人类祖先"马坝人"繁衍生息之地,又是"石峡文化"的发祥地,为华夏民族古老文化的摇篮之一。

盆地西南面大东山、天井山、船底顶山一列,"出气口"为武江区龙归镇、九归禅寺、九子山。"龙归"之名就很贴切地形容了龙脉自远方而至,最终归"穴"。

天井山国家森林公园地处南岭五岭支脉的南麓,是广东省拥有最大原始森林面积的森林公园之一,天井山主峰为广东的第三高峰。船底顶山,由于顶峰酷像船底而得名,位于韶关市曲江区罗坑镇,海拔1586米,是曲江的最高峰。

九子山位于龙归镇,由9个山峰组成,所谓"龙生九子不成龙,各有所好",传说九子山是龙的第九子繁衍生息的地方,在当地被视为"神山",远近传它有求必应,较为灵验,信者甚众。其东面山脚有九子崖洞。

九归禅寺位于九子山北侧。据《曲江县志》记载,九归禅寺始建于宋代,重建于清嘉庆十一年(公元1806年)。在重建之前,原址在墩头村背后的龙麒岭山腰处,该岭被当地人称为寺山岭。宋代著名风水大师赖布衣称这块风水宝地为"金竹扫堂地(生龙口)"。

由此可见,武江区龙归镇的确是"龙脉"出气归穴之口。

以上五路来龙的龙穴"出气口"大多为重要的区市县,并均有寺庙坐镇守之,以聚气和化气。

风水中将龙脉气场最强之真穴分为三种:上聚之穴,如孩儿头,微有窝者,即山顶穴也;中聚之穴,如人之脐,两手即龙虎也;下聚之穴,如人之阴囊,两足即龙虎也。

韶关盆地四周被五条"巨龙"山脉守护环绕吐气,形成聚气洞天,上接聚上天之元气,犹如孩儿头,下接聚大地之精华,犹如女性的孕育生命之所,为与宇宙之精交感之处。

所以说,韶关盆地是孕育生气的大龙穴。

瑶山山脉"出气口"云门山大觉寺

岭南第一镇乐昌市坪石镇位于蔚岭西南

岭南形胜行 黄智华

三 "龙珠"汇奇异精气

韶关是"马坝人"的故乡、石峡文化的发祥地。马坝人是距今 12.95 万年至 13.5 万年，介于中国猿人与现代人之间的一种古人类型，是直立人转变为早期智人的重要代表。

马坝人头骨是旧石器时代中期的人类化石，1958 年发现于韶关市曲江区马坝镇狮子山石灰岩溶洞中，伴生的脊椎动物化石有鬣狗、大熊猫、貘、剑齿象等 19 种。

石峡文化是岭南地区的新石器时代晚期文化，年代距今四五千年，因曲江石峡遗址而得名，石峡遗址位于曲江区马坝镇西南 2.5 公里处。

韶关曲江马坝镇狮子山马坝人遗址

新石器时代晚期，石器工具普遍磨光，如有弓背两端刃、有段石锛、有肩石锛、凿、钺和镞等，稻作农业发展程度较高，发现较丰富的粳、籼稻遗存。

韶关盆地"龙穴"及周边所在的地区，是集天地之灵气，造万物之精华，只有生机勃勃的土地才会同时拥有丰富的野生动植物、有色金属等资源，以及诞生万物之灵长"人类"的祖先。

如果说韶关中心地区的盆地是龙穴之所在，那么生生不息的丹霞山就是这盆地龙穴精华的集聚点，凝聚了天地间的灵气，是天地奇异精气的化身，是大地的生命之门，是命"根"。

从地形上看，粤北有一列呈东北西南走向的山脉，叫大庾岭，为南岭中"五岭"之一，为花岗岩断块山。相传汉武帝时，有庾姓将军筑于此，故名大庾岭，又曰庾岭。在我看来，大庾岭在仁化伸出大盘地的部分犹如龙头微张开着口，而丹霞山正位于口边，就像龙口含着"龙珠"。

丹霞山就是龙珠，龙口是"龙"最有生气的部位，丹霞山时刻受到"龙气"的滋养而充满活力。丹霞山区的山峰许多是一块完整的巨石，可以说巨石就山，山就是巨石。

丹霞山区的山就是巨石，巨石就山

旧石器时代中期，马坝人用原始工具（木棒、石器）狩猎（马坝人遗址宣传画）

新石器时代晚期，石峡先民用自制弓箭、长矛进行狩猎（马坝人遗址宣传画）

这巨石的山就是龙穴中的"龙蛋"，所以，丹霞山是生气化生之地。

韶关盆地有三颗"龙珠"，除了丹霞山一处外，另有一处是位于韶关市曲江马坝以东7公里的曹溪河畔的南华禅寺。

粤北有一列东北西南走向的山脉，叫滑石山脉，犹如一条巨龙，其北起始兴县浈江南岸，南至英德市滃江北岸，跨越始兴、仁化、曲江、翁源、英德五地，环绕在韶关盆地的东面和南面。

滑石山脉在曲江伸出盆地的部分，犹如巨龙伸出的龙鼻，而南华禅寺正处于龙鼻上，与丹霞山一样时刻受到"龙气"的吐纳而充满灵气。

六祖惠能在南华禅寺弘法37年，南华禅寺因此成为禅宗的"南宗祖庭"。

南华禅寺位于韶关盆地这龙穴内的意义还在于，通过南华禅寺不断念经诵佛与上天元气沟通，所产生的灵性气场，将韶关盆地龙穴内的所积聚的"龙气"激活和稳定下来。

韶关盆地的第三颗"龙珠"是韶关的中心城区即曲江、浈江、武江3个市辖区，这3个市辖区位于韶关市的中心点，也即韶关盆地的中心点，是五龙环绕盆地的共同吐纳点。

韶关中心城区据五岭之口，商品流通承南启北，是粤北地区的政治、经济、交通、文化中心，集中了韶关地区的众多人口，可谓人杰地灵，这是粤北地区最具生气之地。

岭南"洞天"之韶关丹霞山

南华禅寺是南禅祖庭

岭南形胜行 黄智华

生生不息丹霞山

位于韶关市仁化境内的丹霞山，总面积292平方公里，是南粤面积最大、景色最美的风景区。丹霞山是以丹霞地貌景观为主的自然遗产地，为国家风景名胜区、国家地质公园、世界地质公园。

"色如渥丹，灿若明霞"。丹霞山由众多顶平、身陡、麓缓的红色砂砾岩石构成，其山石高下参差、疏密相生，群峰林立，富有层次感，宛若红宝石雕塑园，故被誉为"中国红石公园"。丹霞山向来以"奇、雄、险、秀、幽、古、广"著称，最高峰为巴寨，海拔619.2米。

丹霞山已开发的景区有长老峰游览区、阳元石游览区、翔龙湖游览区。300多年前澹归和尚在丹霞山开辟别传寺时，曾挑出12处风景点，命名丹霞十二景：锦水滩声、玉台爽气、杰阁晨钟、丹梯铁锁、舵石朝曦、竹坡烟雨、松涧涛风、双沼碧荷、乳泉春溜、螺顶浮屠、虹桥拥翠、片鳞秋月。

丹霞山是世界地质公园

据地质学家研究，在世界已发现1200多处丹霞地貌中，粤北丹霞山是发育最典型、类型最齐全、造型最丰富、景色最优美的丹霞地貌集中分布区。

距今1.4亿年至7000万年间，丹霞山区是南岭山脉的一个大型内陆盆地，受喜马拉雅山造山运动影响，四周山地强烈隆起，泥沙碎石流到盆地湖泊内大量沉积，湖里的堆积物所含的铁质被氧化成三氧化二铁，形成了巨厚的红色地层。经过大约7000万年，湖泊内沉积了厚度约3700米的巨厚红层，其上部约1300米的较坚硬岩层称为丹霞组，下部约2400米的较松软岩层称为长坝组。

距今3000万年前后，湖盆随着南岭山脉剧烈抬升，湖内岩层形成许多断裂和节理，同时流水下切侵蚀，丹霞红层逐渐被切割成一片红色山群，塑造成众多山石错落有致，形象万千，也就是现在的丹霞山区。

丹霞山地区有着悠久、丰厚的历史文化内涵，这

石墙、石峡构成一夫当关，万夫莫开的石门

岭南"洞天"之韶关丹霞山

丹霞山红色砂砾岩石千媚百态

丹霞山以独特的红岩地貌闻名于世

惟妙惟肖的双乳石

里有舜帝南巡奏韶乐、女娲造人补天等许多美丽动人的历史故事传说,这里有灿烂的摩崖石刻和碑刻、80多处神奇的古山寨,有神秘的悬棺葬和岩棺葬,以及建有锦石岩寺和广东十大禅林之一的别传禅寺,等等。

据《广东通志》记载,丹霞山古称"锦岩",秦汉以前就有得道僧人道元在丹霞山混元洞、狮子岩一带修行,功成而去。隋唐时期丹霞山已成为岭南风景胜地,同时也有僧尼进山经营,兴建佛寺,北宋崇宁年间,法云居士在锦石岩建庵堂8座。明清时期,丹霞山寺庙香火达到最盛,目前发现石窟寺遗存40多处,其中已修复一新并有较大影响的是别传寺和锦石岩石窟寺。

丹霞山奇峰林立,山势绵亘,景色瑰丽,大小石峰、石墙、石柱、天生桥680多座。其众多顶平(顶斜)、身陡、麓缓的红色砂砾岩石,舒展开来,群峰争秀,千媚百态,犹如众多的大龙小龙环绕、相聚、追逐。

丹霞山石之奇特令人叹为观止,其形态各异,似墙、似堡、似寨,似人、似兽、似物,形象逼真,栩栩如生。龙鳞片石、天柱石、观音石、望夫石、阳元石、阴元石,并称为丹霞山六大奇石。天然形成的通泰桥被誉为"岭南第一桥"。

双乳石、阳元石、阴元石、姐妹峰、卧龙岗、翔龙湖等,以及宛若玉龙与山体交融的锦江,这些充满生命的元素交织成无穷活力的生命山水。

丹霞山以独特的红岩地貌闻名于世,这红岩地貌给人的感觉是充满生机,生生不息,是活着的生长着的山,是生命之山。

形似巨轮的长老峰

长老峰游览区是丹霞山历史最悠久的风景游览区，它是由长老峰、海螺峰、宝珠峰三峰构成的连体山块，由三级绝壁和三级崖坎构成三个最典型的赤壁丹霞景观层次。

长老峰景区最高处海拔409米。风景区划分为上、中、下三层，上层是长老峰、海螺峰、宝珠峰三峰耸峙；中层为别传寺景区层，这里有历史上著名的别传寺，还有一线天、双沼碧荷等景点；下层以锦石岩为中心，有锦石岩寺、千圣岩、祖师岩、伏虎岩、龙王岩、梦觉关、幽洞通天、龙鳞片石、马尾飞泉瀑布、变色龙百丈崖等景观，其以历史悠久、宗教文化、丹霞地貌为亮点。

"舵石朝曦"位于上层宝珠峰的北端，是山体的最高点。丹霞山本体山峰的形状宛如一艘巨轮，泊于锦江之畔，宝珠峰在船尾，其峰顶东南端崛起的一块红石，因形似船舵，故得名"舵石"。

每当旭日东升的时候，这里金光璀璨，朝霞似锦。昔别传寺开山祖师澹归和尚喜此景致，每晴天初旦，必躬身亲临，饱览朝霞晨曦和丹霞秀色。

立于舵石远眺，远方山水交融，以我观之，对面山峦有仰天"卧佛"之形状，估计不时会呈现出"佛光"奇观，想必别传寺开山祖师澹归和尚昔日每天躬身前来，就是朝拜仰天"卧佛"和"佛光"。

长老峰景区宛如巨轮

形似船舵的"舵石"

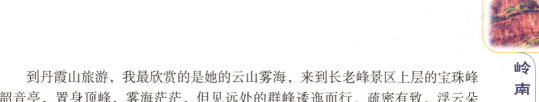

岭南"洞天"之韶关丹霞山

到丹霞山旅游，我最欣赏的是她的云山雾海，来到长老峰景区上层的宝珠峰韶音亭，置身顶峰，雾海茫茫，但见远处的群峰逶迤而行、疏密有致，浮云朵朵，冉冉而过，山于云海之中，云海于山中，宛如仙山琼阁，飘渺圣境，美不胜收。

云雾飘渺，云海浮动，不时呈现出惊涛骇浪，时而又徐徐漫步，峭拔嵯峨的山峰犹如朵朵青莲时隐时现，又像是诸神仙在聚会，畅饮琼浆玉液，品尝仙果美食。

山似乎在挪动，这使山有了灵气。

此情此景，就像画家在泼墨，使莽莽群山变成了在不断游动的丹青，令人仿佛身处天上之仙境一般。

山与云海刚柔相与，阴阳交感，一脉柔情，万物也由此而化生，这难道不是宇宙之真吗？

山在被云海清洗，我的灵魂似乎也在被清洗；尘世中的所有烦恼、执着，在这里被冲洗得干干净净，我的思绪随着山与云海的缥缈而起伏。

我的心也豁然开朗，似乎融入了这山与云海之中。

我陶醉在这仙境之中，仿佛我与天地合一，仿佛我就是"仙"，我就是"佛"，我就是"道"。

此时，我想到了古代哲人庄子所说："天地与我并生，而万物与我为一。"大山、云海与我，分不清彼此！万物与我融为一体！

后来，云散了，群峰露出了真面目，哦，原来是宝塔峰、玉屏峰、僧帽峰，这三座长型的山峰，犹如三条龙！

山谷中的群峰就像上千上百条"龙"簇拥着宝塔峰、玉屏峰、僧帽峰和大塘寨，这几条巨龙又似乎在带领群龙在起舞，给这里的小天地带来了生机和灵气。

僧帽峰就像是观世音菩萨坐在"莲花"之上，至为殊胜。哦，原来"群龙"是前来朝圣，聚集于莲花台下聆听"观世音"讲经说法！

 石远眺，对面山峦有仰天"卧佛"之形状

云雾飘渺，宛若仙境

宝塔峰、玉屏峰、僧帽峰犹如三条龙

僧帽峰就像观音菩萨坐在"莲花"之上

岭南形胜行 黄智华

别传寺和福音峡

长老峰峰顶建有观日亭，从亭上远望，群峰叠翠，连绵起伏。每当晴天，一轮红日喷薄而出，群峰犹如上千上百条龙，受到万道霞光的抚摩，焕发出无限的生机。

在层峦、秀水、幽林之中，耸立着"望郎归""蜡烛峰""天柱石"等奇景，这些是丹霞山区生机勃发的体现。

海螺峰居长老峰之侧，山顶原有的七级浮屠(又称螺顶浮屠)已毁大半，1986年本焕法师主持重修，整座塔为丹霞红石砌成，四面各雕有佛像。

从长老峰上层风景区沿"丹梯铁锁"向下走，便可到达中层别传寺景区。别传寺坐落在一奇异巨岩石山峰之下，这岩石山峰犹如一头闭着嘴巴的神兽守卫着这里的山山水水。

别传禅寺建在这里，估计是给这头"神兽"点上"眼睛"和驱动神兽的"灵气"。或许，这里是丹霞山的一处灵韵所在。

据丹霞山当地的导游介绍，别传禅寺原建于明末清初，明朝遗臣原江西赣州巡抚李永茂及其弟等人，为避乱世，花了100多两银子买下丹霞山作隐居之地，并凿石为阶，铺路架桥，建筑房舍，后来这里竟成了明朝遗老遗少避乱的世外桃源。

不久，李永茂去世，其弟李充茂去广州海幢寺见到明末抗清义士澹归和尚，将丹霞山捐出，请澹归到丹霞山创建寺院。

清康熙元年（公元1662年），澹归和尚来到丹霞山开辟道场。在澹归和尚及其弟子们的苦心经营下，这里终于建成了一座颇具规模的寺院，名别传禅寺，取"不

长老峰观日亭观日出

沿"丹梯铁锁"向下走便是别传禅寺

立文字，教外别传"之意。

别传禅寺挟风云之势，禅风远播，鼎盛时住僧千众以上，为当时岭南十大丛林之一，曾与曹溪南华禅寺、乳源云门禅寺鼎足而立，成为粤北著名禅寺。

别传禅寺自建成后曾几经遭受兵劫和火灾，许多殿宇仅存遗迹。1980年，本焕禅师到寺住持，重建了别传禅寺。

别传禅寺山门附近有摩崖石刻，留下历代不少文人墨客的足迹。

走过摩崖石刻景点，便是福音峡，福音峡的崖壁非常陡峭，两边崖壁紧挨在一起，留出一条狭窄而长的栈道，抬头上望，峡中露出一线蓝天，故又名"一线天"。

岭南『洞天』之韶关丹霞山

别传禅寺坐落在奇异巨岩石山峰之下

别传禅寺山门及摩崖石刻

别传禅寺山门附近摩崖石刻

福音峡，又名"一线天"

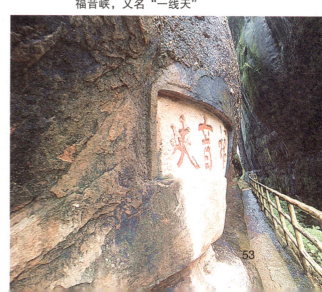

锦石岩和"卧佛"

从中层别传禅寺景区穿福音峡而下，便到达下层锦石岩景区。

锦石岩景区属长老峰游览区，据《仁化县志》记载，北宋崇宁间，法云居士云游至丹霞山梦觉关这地方，见奇洞胜景，锦石岩竟集雄奇秀美于一身，山石"色如渥丹，灿若明霞"，顿觉醒悟，发出"半生在梦里过了，今日始觉清虚"的感叹，遂题"梦觉关"，后聚集百余人到丹霞山下层的锦石岩开山建庵，并逐步向中、上层经营。因此，有法云居士是锦石岩建庵之祖之说。

走过梦觉关，逐渐传来"南无阿弥陀佛"反复念诵的音乐声，原来是来到了锦石岩寺。

锦石岩顶接海螺崖，下临锦江，由千圣岩、祖师岩、伏虎岩、龙王岩等四个较大的天然岩洞组成，洞洞相连，"宛若殿堂，深邃虚洞"，因岩内石壁万色间错，四时变态，故名"锦石岩"。

锦石岩是一座尼姑庵，岩洞中建有七佛殿、弥勒殿、观音殿、大雄宝殿等，各岩洞殿堂均面对锦江。锦江犹如一条玉带环绕锦石岩山崖而过，锦江水源于江西崇义县仙人岭，蜿蜒百里经仁化县城而来，绕丹霞山向南流入浈江。

锦石岩洞口外的峭壁有形如白带的飞瀑。据介绍，这飞瀑名叫马尾泉，古称"龙尾泉"，这就是丹霞新十二景之一的"锦岩飞瀑"。泉水源头在海螺峰右边的

梦觉关是大型蜂窝状洞穴

锦石岩顶是海螺崖

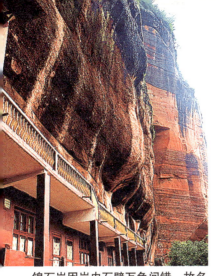

锦石岩因岩内石壁万色间错，故名

山洞中，流出地表后，从锦石岩上面的山顶飞泻而下，形成200多米长的悬泉瀑布，令人有"丹崖垂帘，银河如帛"之感。

锦石岩寺附近有菜地，寺院出家人无欲无求，自种自给，修身养性，自在天然，自得其乐。

从锦石岩远眺，岩下有一列低矮的山如一条龙伏在锦江旁，呈现山水交融，而远处山峦状似仰天的卧佛，锦石岩、锦石岩寺和"龙尾泉"飞瀑面对着远处的"卧佛"，就像向"卧佛"朝拜一般。

丹霞山流传着女娲造人补天的故事，或许这"卧佛"，就是女娲补天后在锦江河畔的山上憩卧，后一卧不起而化成的。

岭南"洞天"之韶关丹霞山

锦石岩"宛若殿堂，深邃虚洞"

锦石岩寺对面山峦状似仰天卧佛，锦江环绕而过

锦岩飞瀑，古称"龙尾泉"

翔龙湖如青龙腾飞

翔龙湖位于长老峰南侧谷地，因其湖面轮廓酷似一条腾飞的青龙而得名，龙首、龙角、龙身、龙爪、龙尾一应俱全，从"龙头"至"龙尾"总长1350米，水深18米。

沿湖有龙须涧、九龙峰、仙居岩、雾隐岩、乘龙台、祈龙台等自然景点18处。乘龙台这座山恰好位于"龙"背上，故称乘龙台。龙须涧于"龙"的下颌"龙须"位置处。

翔龙湖周围，群峰高崖围绕。山峰上有一巨大椭圆岩石，如多面猿人，也如龙蛋，又如莲花台，似乎在静待仙人、菩萨的降临。

湖边耸立着一巨大光滑圆石，藏于山体中，犹如龙蛋。这"龙蛋"是天地奇异精气在丹霞山这钟灵毓秀之地交感的结晶。

这里的山崖宛如长长的巨龙，哦！这是一条"母龙"伏卧在湖面上，守护着所产下的"龙蛋"！

沿着翔龙湖进入宝塔峰卧龙岗森林生态步道，可近距离欣赏到弥勒大佛、猿人石、舜帝石、蝴蝶谷、大石岩、金城寨、天柱石、黄沙坑、东方女神、僧帽峰、宝塔峰、屏风寨、阴元石等丹霞山精华景观。

卧龙岗生态区是天然的大氧吧，全程有近5000米，沿途风景

翔龙湖位于长老峰南侧谷地

山崖如龙伏在湖面

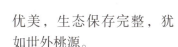

岭南『洞天』之韶关丹霞山

巨大光滑圆石如龙蛋耸立在湖边

山峰巨大椭圆岩石如多面猿人

山峰如狮虎回头

优美，生态保存完整，犹如世外桃源。

据丹霞山有关人文历史传说，翔龙湖所在山谷原称龙坑。古传丹霞山乃海中一方仙山，为东海龙太子封地，西方凶神白虎欲行霸占便来强夺，龙太子不敌，被从云端打了下来，落地为坑。

恰逢龙虎山道教创始人张道陵天师路过，便画符念咒，宝剑起处，白虎落地，被天师压于丹霞山下。天师又施法保住龙太子的元气，并建坛炼丹，丹成而龙太子得救。故后人称此坑为"龙坑"，天师所居山洞为仙居岩。

丹霞山西侧江边的虎头岩和东侧的白虎冲，以及附近的龙王坪、龙王岩、龙王泉、九龙峰、九龙庙等都与这传说有关，这些地方估计为龙太子一族所居之地。

20世纪80年代初在龙坑这地方建水库，蓄水后湖面轮廓酷似一条飞龙，故名翔龙湖。

可见，龙坑乃至丹霞山"龙气"旺盛，充满天地精灵之气。

岭南形胜行 黄智华

绝壁悬空仙居岩道观

翔龙湖畔，于万丈悬崖之中有一处绝壁，名仙居岩。

仙居岩面向西北，为后天八卦之乾位，后依八卦顶绝壁，左前方为九龙峰，岩前有芭蕉冲谷，环境封闭幽静。

芭蕉冲又称为真仙谷，奇石遍布，谷中有一片芭蕉林，相传为古代道士所植。

仙居岩后依八卦顶绝壁，前有芭蕉冲谷

仙居岩中有一座道观，倚岩石而建，传说众仙曾聚居于此，故名"仙居岩"道观。

仙居观所在地，相传是道教创始人张道陵天师降白虎、救青龙（龙太子）时居住的岩洞。后人为纪念张天师降白虎、救青龙的恩德，便在此建道观，供于香火。

据介绍，东晋时，抱朴子葛洪经雄洲（今南雄）出岭南途中，曾在此结庵炼丹，现仙居观内尚存洗药池遗址，有一巨石上刻有"丹池"两字。

仙居观隶属于道家正一派，其祖庭在江西龙虎山，据说原有道观三间，道房五间，水池一口，其基础保存至今。

仙居观初称"老君殿(岩)"，唐贞观年间（公元637年），韶州信众捐资扩建。南宋时，道教南宗祖师白玉蟾到此传教，庙堂得以发展，并初具规模，而改称为"佑圣观"，以供奉"北极佑圣真武大帝"为主。

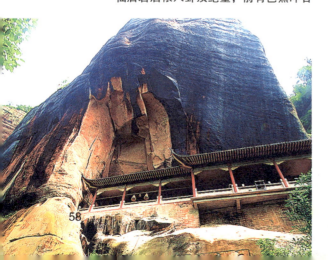

道观处"蟾蜍"巨石口中，犹如"金蟾含珠"

岭南"洞天"之韶关丹霞山

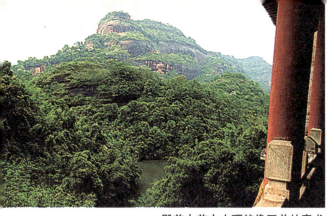

殿前右前方山顶就像回首的青龙

殿前左前方有"群象朝圣","象鼻"惟妙惟肖

葛洪曾在仙居岩结庵炼丹,现尚存洗药池遗址

明嘉靖年间"天师道"传至岭南,道观除供奉"真武大帝"之神灵外,另修殿堂供奉道教创始人张道陵天师,道观遂更名为"仙居观",并沿用至今。

据道观介绍,仙居岩位于洞天福地,殿前右前方的山峰上不长草的部分就像一条龙,倒影在翔龙湖里,称为"翔龙起舞",恭候诸神仙降临;殿前左前方由千年熔岩累积形成一道独特景观,其形状如"群象朝圣",就像象王率群象朝庙顶礼膜拜一般。

另外,道观所在的位置,恰好处于形似蟾蜍嘴巴的巨石中间,犹如"金蟾含珠"。

这就是仙居观所处地理位置的"三奇"。

仙居观山门有一副对联:"象拱仙居悟三洞妙有丹台松烟锁玄关,龙吟霞谷闻一声无量药池黄芽沾清露",这将道观所处位置的奇特性很贴切地描写出来。

以我观之,仙居观位于翔龙湖"龙爪"之处,同时仙居观殿前右前方相隔翔龙湖对面山峰上的一列岩石,形似回首的青龙,似乎是青龙感激张天师搭救之恩,而化作龙形岩石伏在山峰上,时刻守护着仙居观。

仙居观所处的"三奇"之地是一个聚气点,周边的五行之气汇聚于此,如同人体下丹田的气海穴海纳百川而聚化成真气。这里气感强,道人在此进行修炼,或起事半功倍之效。

59

大音希声　大象无形

仙居观内有岩石上刻"福""寿"等字。另外，道观下的大岩石刻有"大音希声"四个大字。

"大音希声"饱含着道家思想的精髓。

这出自老子《道德经》第四十一章："大音希声，大象无形；道隐无名。夫唯道，善贷且成。"

最美的乐音听起来就像是稀薄无声，不受人关注；最美好的形象看起来似乎不受人注目。因为这太自然，太平常了，最美的乐音和最美好的形象，就是最自然的东西，是最为平常的。

其实，最自然的东西才是最美好的，因为这最自然的东西与大自然融为了一体，是自然的本来，这反而给人以无音、无形、太平常的感觉。

"无音""无形"，最平常的东西，其实就是"道"，也就是"道德真源"。

人的一生最为自然、最为平常的追求就是美好的生命，也是就"福寿"两字。有句祝颂之辞，叫"福寿齐天"，是说福寿与天一样高，是自然人生的最高境界。

"大音希声，大象无形"，道家思想倡导自然无为，顺应天道而为。以平常之心处世，多一点质朴，多一点自然而然，我们就能享受到天然的乐趣，就能享受到福寿天年，达到了"道"的"彼岸"境界。

仙居观内有福、寿、禄三星雕像，以及赵公明雕像和慈航真人雕像。福、禄、寿在民间流传为天上三吉星，"福"寓意福气、福运，五福临门，"禄"寓意高官厚禄，"寿"寓意长命百岁。

民间把这三星作为人世间幸福的象征，福、禄、寿是人间快乐之道，在人世间享受福、禄、寿，不是神仙胜似神仙。

慈航真人（在佛教中为观世音菩萨）发愿欲普度世间男女，救苦救难，是慈悲的象征，代表着"喜"、大吉大利。

仙居观背靠绝壁悬岩

岭南"洞天"之韶关丹霞山

赵公明为专司人间财富之神。据《三教搜神大全》载，赵公明神异多能，变化无穷，能够驱雷役电，呼风唤雨，降瘟剪疟，保命解灾，故人称"元帅之功莫大焉"。

在古典小说《封神演义》中，姜太公奉元始天尊之命按玉符金册封神，封赵公明为"金龙如意正一龙虎玄坛真君"，职责是专司金银财宝，迎祥纳福。

从此，赵公明开始掌管天下财富，做了财神爷。赵公明司财，能使人宜利和合，发家致富，这正符合世人求财的愿望，所以民间广泛敬祀赵公明，而他原来作为冥神、瘟神、鬼帅的面目却被日渐淡忘了。

民间所供财神赵公明皆头戴铁冠，着战袍，手持宝鞭，黑面浓须，身跨黑虎，形象威猛，周围常附聚宝盆、大元宝、宝珠、珊瑚之类，凡买卖求财，只要对赵公明祈祷，便无不称心如意，人们称其为武财神。

赵公明雕像上刻有"利济三元"四字，左刻有"财聚水火木金土"，右刻"宝涵东西中北南"，意思是说，财宝聚自五行五方，通达顺畅，财运亨通，如三元九运长久不变。

太阳系的九大行星每隔一百八十年就会同处于太阳的一侧，分布在一个小的扇面内，形成九大行星的大会合，古代天文学家称其为"九星连珠"。这种天体运行规律循环往复，永不改变。

古人洞悉这一天机，创立了划分时间的"三元九运"体系：以一百八十年作为一个正元，每一正元分为上元、中元、下元；每元六十年，再分为三个运，每运为二十年，即上元是一运、二运、三运，中元是四运、五运、六运，下元是七运、八运、九运。

仙居观内福寿禄三星、赵公明、慈航真人雕像，代表的是中国古代"福禄寿财喜"的吉祥观念，表达了人们对自然平常生命的珍爱，对幸福美满生活的向往，以及对自我价值的追求，这是"道"在世间的体现。

仙居观所处的"三奇"之地是一个聚气点

"大音希声"出自《道德经》

仙居观内有岩石上刻"福""寿"等字

奇景阳元石和阴元石

阳元石游览区与长老峰游览区隔江相望，因有奇石阳元石而得名，该景区是以阳元石为中心的一块山地。据说这片山地已有200万年的历史。

该景区以发育典型的丹霞石墙、石柱和石拱地貌为特色，地质遗迹和生态环境保存完好，保存有6座古石窟寺遗迹和十几座古山寨，拥有阳元石、睡美人、群象出山、云崖栈道、九九天梯、细美寨、海豹石、将军寨、通泰桥等景点。

阳元石是丹霞地貌中典型的石柱型景点，是一柱拔地而起的冲天巨石，被誉为"天下第一奇石"。阳元石的形状与勃起的男性生殖器十分相似，甚至色泽、血管都也形似。有诗赞曰："百川会处擎天柱，万劫无移大地根。"

因其形状丝毫未经人工雕琢，为天然之物，故在当地也称之为"祖石""求子石"。

阳元石高28米，直径7米，估重600多吨。据专家考证，作为一个天然石柱，它从阳元山的大石墙分离出来已经有30万年历史。

摄人心魄的阳元石，是大自然阳刚之气的化身，其背靠玉屏峰，玉屏峰成为阳元石的保护神，时刻守卫这元阳之"祖石"。

所谓孤阴不生，独阳不长。与阳元石隔山隔江相望对应，于翔龙湖畔北坡上，深山幽谷之中，隐藏着著名的"天下第一绝景"阴元石，这是一个石洞。整个巨石的外形，十分酷似女性外生殖器，故被称为"母亲石""少阴石"和"生命之门"。阳元石与阴元石一起被称为"丹霞双绝"。

阴元石高10.3米，宽4.8米，洞长4.3米。这巨石洞纯属天然，为竖向侵蚀洞穴，因流水沿着岩石内部的裂隙慢慢侵蚀而逐步掏空形成。

有词赞曰："阴元立处，红唇丰腴，情窦张，千古春梦一场，看帝王将相、士农工商、渔夫樵子，尽在此中伦常。贫者苦，富者奢，贵者骄，世态炎凉。扪心自问，出此门时，有甚两样？"

阴元石代表的是生命之门，的确，扪心自问，每

阳元石被誉为"天下第一奇石"

"天下第一绝景"阴元石洞

岭南"洞天"之韶关丹霞山

个人当初走出生命之门时,并没有两样,先天是平等的,而后天无论是贫苦,还是富贵,到头来也是平等地离去,死亡之门也是平等的。所以,生命是平等的!

千古本是一场梦,人生本是一场游戏。无论是帝王将相,还是士农工商、渔夫樵子,都反复在生命之门中伦常。所以,人的价值是平等的!

丹霞山的阳元石和阴元石是一大奇景,其分别类似于男性和女性的生殖器官,是男性和女性的化身,简直是大自然鬼斧神工的杰作。

人类自古就有生殖崇拜的情结,这是对大自然自强不息本性的崇拜,丹霞山的阳元石与阴元石体现出的正是大自然的这种本性,这是生命生生不息的象征。

丹霞山有一个人类始祖、婚姻女神女娲在此取水土造人的传说。话说在远古时,女娲受命于天,下地造人,女娲乘船飘游各地,立志要寻找能够造人养生的水土。有一天,她来到南海以北一个叫"夏湖"的地方,正是现在丹霞山地带,发现这里是梦中祈祷千百遍的造人理想之地。

于是,女娲按伏羲河图之玄机,把"夏湖"四周18平方公里的范围,开劈成造人作坊,把"夏湖"周边180平方公里的范围,划为繁养生息的区域。

我想,当初女娲和伏羲一定是爬过阳元山,被阳元石所散发出来的元阳刚健之气魄所震撼,也一定住过阴元石洞,感受到阴元石洞元阴温柔的气息。后来,女娲或许受到阳元石的刚健和阴元石洞的温柔所启发,于是分阴阳造男女,并按照阳元石和阴元石的模样,分别造出男性和女性的生殖器官。

为了让人类永远繁衍下去,女娲还在神祠里祷告,祈求上苍神灵允许她做女媒,安排男女婚配。

女娲还替人类建立了婚姻制度,创造了嫁娶之礼,让人们自己懂得"造人"的方法,自始阴阳相济、繁衍不息,女娲也被奉为婚姻女神。

丹霞山地带是女娲造人的理想地方

后来共工与颛顼争帝,而怒触不周山,天柱折,地陷天裂,女娲见状,便"断鳌足以立四极,聚芦灰以止滔水",并在丹霞山区采五彩锦石以补天,于是,四极正,四海宁静。

民间传说女娲所炼的五彩石有两块不小心掉到人间,甘肃省天水伏羲庙内现有一块五彩石展示,五彩石上刻着女娲与伏羲生化成人的图像。

大功告成后,女娲在锦江河畔的山边憩卧。因过度劳累,女娲这一睡下便从此没有醒过来,并最终蜕身成石,这就是丹霞山第一道风景点"玉女拦江"。

甘肃省天水伏羲庙内"五彩石"

阳刚与阴柔的交响曲

在丹霞山阴元石附近远眺，有擎天一柱，其与阳元石一样矗立在山坡之上，像一根笔直的阳器，名为"天柱石"。

天柱石高约42米，基部直径5~6米。与天柱石相对应的是，丹霞山龙须涧也像女性的阴部，其与阴元石一样隐藏在山脚，于翔龙湖旁，含蓄而收敛。

丹霞山阳元石、天柱石，与阴元石、龙须涧是上苍的神奇之作，其一高一低，一方裸露伸展，另一方隐藏羞涩。

丹霞山的阳元石、天柱石与阴元石、龙须涧，山与云海，是一阳一阴的象征。

阳元石、天柱石体现出的是"阳"的特征，不仅形状与男性生殖器相似，而且其在山坡上高高矗立，直傲苍穹，时刻吸收着宇宙的阳刚之气，好比一位充满着活力的小伙子，表现出的是一种刚健的、自强不息、积极向上的气势。

阴元石、龙须涧体现出的是"阴"的特征，不仅形状与女性生殖器相似，而且其隐藏于山脚的幽谷之中，靠近于湖边，时刻得到湖水的滋润，好比一个羞涩的少女，又像一位母亲，体现出的是厚德载物的德性。

它们在丹霞山景区内出现，是阳刚与阴柔的交响曲，是大自然阴阳和谐而平衡的体现。

天柱石像一根笔直的阳器

岭南"洞天"之韶关丹霞山

矗立在山坡之上的阳元石、天柱石与依偎在湖泊之旁的阴元石、龙须涧，隔山隔湖相望，犹如一对含情脉脉的情侣，其实山峰与湖泊也是一对情侣。

"关关雎鸠，在河之洲，窈窕淑女，君子好逑。"少男之感少女，少女之应少男，无不出于一片诚笃不移的深情；男女相互感应以至相爱相悦，出自天性纯净。

一个柔情似水的少女在前面奔跑，而一个刚健的少男在后面拼命地追赶，这是从感应到爱慕再发展到追求的动人画面。天地之间的真情便可从中感受得到。

天与地，日与月也是一对情侣。天与地相感应，然后化生万物。日月推移交替互相感应，便产生了白天和黑夜。

"一阴一阳之谓道"，宇宙之间任何东西按属性来划分，都是一阴一阳的。"阳"代表正面，代表刚健，代表动；"阴"代表反面，代表柔，代表静。阴阳是对立的，相互约束的，又相互依存而互根。中国古代太极图的阴阳鱼，头尾交接互回，寓意着阴中有阳、阳中有阴、阴极生阳、阳极生阴、阴阳互为转化之道。

"天行健，君子以自强不息。"《周易》认为，天道刚健，运行不已，自然万物阴阳相反相成、刚柔相济，是和谐的统一体。

"保合大和，乃利贞。"天道运行，保持、协调着自然万物的和谐，这是一种讲求和谐的思想。

阳元石、天柱石与阴元石、龙须涧是天地的化生，有着"阳"或"阴"形状和内涵，是世间和谐的象征。

观其所感，天地、万物、人间之情昭然可见矣！

山峰与湖泊是一对情侣，相互依恋

丹霞山岩石之奇特，体现着生命力

丹霞山是生长着的山，象征着生生不息

巍峨南岭显神韵

南岭山系现"龙"形

南岭古称五岭，指越城、都庞、萌渚、骑田、大庾五个山岭。广义的南岭还包括五岭邻近的猫儿山、海洋山、九嶷山、香花岭、瑶山、九连山等。

南岭西起雪峰山以南的八十里大南山，东抵武夷山南，东西绵延600多公里，南北宽约200公里，南岭西段为八十里大南山、猫儿山、越城岭、海洋山和都庞岭，是南岭最高部分，南岭中段为萌渚岭、九嶷山、香花岭、骑田岭、瑶山，山势比西段低，南岭东段为大庾岭、滑石山、青云山、九连山，山势较低。

依我观之，南岭山系及其支脉形势上呈现出一条东西走向的"龙"状，云贵高原东部边缘、广西北部一直连至湖南的八十里大南山，以及广西北部猫儿山等一片，为张口"龙"头，基本处于南岭山系的最高处。

猫儿山位广西桂林市兴安县西北部，海拔2141.5米，为广西第一高峰，也是南岭山脉的最高峰，猫儿山好比位于连接头部与身体的"颈椎"（大椎）部位。桂林处于"龙"的颈部"喉咙"部位。

八十里大南山向北分别伸出的支脉雪峰山和广西东北与湖南新宁区域的越城岭，为一双"龙角"。广西中部山脉大瑶山（又称金秀大瑶山），以及萌渚岭余脉广西东部大桂山、大容山分别为"龙"的双手。大瑶山是越城岭以南的支脉，丹霞地貌分布广，这一带世居着瑶族人，集中了世界上最多的瑶族人口。

海洋山、都庞岭、萌渚岭、九嶷山、香花岭、起微山、罗壳山、骑田岭、莽山，以及粤北瑶山、大东山构成"龙"身。

海洋山位越城岭与都庞岭之间，主峰宝界岭，海拔1935.8米。都庞岭处湘桂交界处，最高峰韭菜岭，海拔2009.3米。

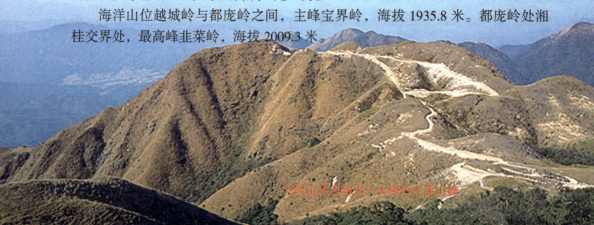

五岭山最东岭之一大庾岭主要山峰

巍峨南岭显神韵

萌渚岭主体从湖南江华县境内,向南延伸入广西贺州市北部,主峰马塘顶,海拔1787米,西南部称为姑婆山。九嶷山位湖南宁远县境内,属萌渚岭山系,最高峰畚箕窝,海拔1985米,处于"龙"的背脊胸椎部位。

骑田岭位湖南宜章县、郴州市之间,为湘粤通道,秦时阳山关即在此岭之上。莽山属骑田岭支脉,是湘粤边界上的绿色明珠,最高峰猛坑石(石坑崆)海拔1902米,有"天南第一峰""广东第一峰"之称。粤北瑶山为骑田岭支脉,大东山地处广东连州市东北部,属广义莽山一部分。

韶关盆地被周边几大山脉环绕,为"气海",为"龙"的下腹部,为孕育生命的"龙穴"洞天。昆仑山系气脉经云贵高原绵绵而来,经南岭在这里形成中转站、气穴的停顿点和蓄气洞穴,并向四周分发出去,向北分出罗霄山脉进入湖南、江西,向东北分出大庾岭、雩山山脉进入江西,向南面分出滑石山脉、青云山脉、九连山脉,伸入珠江三角洲。

南岭山脉北端的八面山、万洋山等一带,以及粤、赣两省交界的大庾岭,均为"龙"的骶骨(腰椎之下,尾骨之上部位)。江西东部的雩山山脉为"龙"尾。

大庾岭介于江西的大余、信丰、崇义、全南和广东的仁化、南雄等地之间,主要山峰有万时山(又名氹水山,海拔为1559米)。雩山山脉大致南北向列于武夷山西,盘踞在赣州市的宁都、于都、兴国、会昌、安远、赣县等地的部分地方。

广东中南部的滑石山脉,以及青云山脉、九连山脉分别为"龙"的双脚。韶关仁化县,是粤、湘、赣三省交界区域,是以上几大分发山脉的连接地带,为"龙"的下身。位于仁化县的丹霞山是生生不息之山,有天下绝景阳元石和阴元石,是生化之地,是"龙"下身的"命根"。

万时山为三省交界点,一山跨湘、粤、赣三省,是走向三省山系龙脉"脊骨"的交汇点,是南岭龙形山系的腰椎和腰椎的"命门""阳关"穴位,是连结骶骨、"龙"尾、"龙"脚的关键部位。

南岭山系构成了"龙"身,江西的雩山山脉构成了"龙"尾,一条活灵活现的巨龙呈现了出来,这是生生不息气脉的化身!

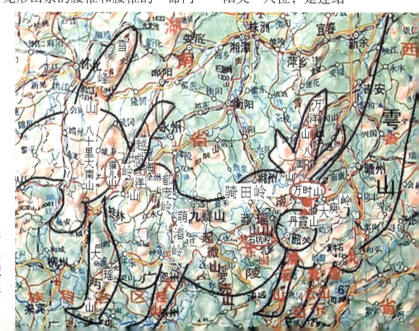

南岭山系及其支脉构成"龙"形(该图出自《中华人民共和国地形》星球地图出版社2011年修订版,图中图形和山脉标记为作者所加)

岭南形胜行 黄智华

三省发脉地　纯美万时山

万时山（湖南叫氾水山，江西称范子山），素以高、险、奇、秀著称，是南岭山脉自西向东第八高峰，海拔1559米，有"一山跨三省"之称，广东地域部分位于仁化县长江镇境内，北面是湖南汝城县，与汝城县热水镇距离7公里，东面是江西省崇义县乐洞乡。

清代志书《桂阳郡志》和《仁化县志》均记载：（万时山）为"广东、广西、湖南、江西，数省发脉之祖山也"。

从地形图看，南岭山系及其支脉构成"龙"形，广西北部的"龙头"张口对着元宝山、九万大山，并连接云贵高原，吸收来至"龙"之初发脉地昆仑山的气脉。

太祖山昆仑山的气脉进入南岭山系，在南岭山脉的最高峰猫儿山（2141.5米）结成祖山，都庞岭最高峰韭菜岭（2009.3米）、萌渚岭山系九嶷山最高峰畚箕窝（1985米）、骑田岭支脉莽山最高峰猛坑石（石坑崆，1902米）、大庾岭主要山峰万时山（1559米）等为系列少祖山，并各分发出诸多山脉山峰。这些均是南岭山系的主峰。

万时山有"脚踏三省""鸡鸣三省闻"和"南国天山"之称，是南岭山脉大庾岭山系的红三角第一高峰。万时山北接罗霄山脉南端的八面山、万洋山，西连大庾岭山系、零山山脉，南联滑石山脉、青云山脉和九连山脉，是走向三省山系龙脉的"祖山"。万时山顶有一块三面界碑标记着湘粤赣三省交界之处，这里或许是三省"龙脉"的交结点。

在这"三省界碑"的周围，有分别来自三省的几座高峰连成"龙"状，这是盘踞在万时山顶的"游龙"，似乎在护守着这三省交界处的"界碑"。

这几座"游龙"山峰是三省红三角地区"龙脉"的结穴点和精气凝聚所在。

红三角地区是广东、湖南和江西三省交界的韶关、郴州和赣州等地共同构成的一大片区域，由于当地土壤呈红褐色，又是近代抗日战争和革命发展的根据地，因此被称为"红三角地区"。

红三角地区是自然地理上的南岭山脉地区，也是三省主要干流的源头，粤北是

万时山顶远眺，绵亘不绝的群山，俨然仙境

万时山顶"三省界碑"（湖南、广东）

万时山顶"三省界碑"（广东、江西）

红军长征时经过仁化旧址日头河红军桥

巍峨南岭显神韵

北江的源头，赣州是赣江的源头，郴州是湘江的源头。红三角地区峰峦莽莽，丛林苍苍，孕育了珠江水系、赣江水系和湘江水系，是三省的母亲河之所在，是自然生命之源。

作为红三角大庾岭山系第一高峰的万时山，无疑就是三省自然生命发脉之祖山，她还是广东世界自然遗产地丹霞山母亲河锦江的发源地。

在近代，万时山有一段光辉的革命历史。中国工农红军长征时期，红军的中路军从万时山北麓的热水镇东江水村、鱼王村穿越直奔三江口；左路军从万时山南坡的大凹沿陈欧而下，穿越万时山进入仁化城口。两路红军直奔延寿，突破了国民党第二道封锁线。革命战争时期，广东省五岭地委和"崇仁汝革命委员会"都在万时山播下革命火种，进行革命斗争。

万时山所在的红三角地区还是炎帝神农氏发明人类第一件耕作农具——耒耜的所在地。《衡湘稽古》第五卷记载："神农制耒耜教耕于耒山"。耒耜是起土用的农具，俗称耜头（现名铲），耒是耜的木柄。

相传远古时期，炎帝和黄帝在涿鹿大战，炎帝战败，后来炎帝率本部落联盟过长江，入湖北，到湖南，来到土地肥沃的郴州汝城一带。在这里，神农"寻裹腹之谷，找治病之药"，成功种植了五谷种子，并在山高林茂的耒山上发明制作了耒耜，同时教民种植五谷，打井灌溉，进行农耕，汝城因此被誉为中国农耕文明的发祥地。

《万历郴州志》载："耒山在桂阳县（今汝城县）南。"汝城县隶属于湖南郴州市，与粤赣两省接壤，有"毗连三省，水注三江（湘江、珠江、赣江）"之美称。

古时，汝城县南之分界岭、白云山、道士山合称耒山，万时山古称白云山，或为古耒山的范围。

万时山、耒山、红三角，是一方自然生命发脉的源头地，是农耕文明种子的萌发地。

岭南大草原和飞水寨瀑布

岭南形胜行 黄智华

万时山大草原和飞水寨瀑布是纯美的原生态景区

几座高峰连成"龙"守护着"三省界碑",如龙的浮云也来呼应

万时山大草原有"南国天山大草原"之称

那一年,我应韶关仁化县的朋友林大哥之邀到红三角纯美的原生态草原景区万时山和飞水寨瀑布游览,景区位于广东仁化、湖南汝城、江西崇义三省交界处。

"脚踏三省,岭南草原。飞瀑流泉,水注三江。赏雪胜地,避暑天堂。氡泉健身,华南绝响"。林大哥一路上对万时山和飞水寨瀑布景致赞不绝口。

林大哥爱好和倡导生态旅游,在仁化地区经营生态农业、旅游养生项目,他说他以前经营过多种实业,但最后归于"自然"生态,在经营的同时也是一种自我修行。

万时山曾经是三省古道的必经之地,遗存着悠悠的战争史迹。据林大哥说,坐落于仁化长江镇万时山主峰南面有座古山寨,今仅残存着寨门、围墙及寨内房屋等遗址。寨前是陡梯形峭壁,寨后是通往主峰的"刀背崎"天险,长约100米,崎顶仅容一人通行,两边是悬崖峭壁,大有"一夫当关,万夫莫敌"之势。相传唐末农民起义领袖黄巢曾在此屯兵扎寨,黄巢女儿在此设天花营训练女兵,寨上尚有练兵场和当年做饭炉灶遗址。清代太平天国翼王石达开也曾在此金戈铁马。

万时山距丹霞山65公里,是广东丹霞地貌发源地仁化县境内的最高峰,这里是红三角的地理坐标,是仁化这自然奇异精气生化之地连接上天的"龙穴"洞天。

走过沿山路上的层层梯田、数十万亩的葱翠竹林,穿越飞瀑流溪,攀爬陡峭的山路,我们终于登上万时山顶,呈现眼前的是连绵起伏的数万亩大草原。哦,万时山整个山顶就是草原。

林大哥说,这就是被称为"岭南大草原""南国天山大草原"的万时山大草原,这是华南地区同纬度最大的高山草原。

"天苍苍,野茫茫,风吹草低见牛羊"。绿油油的嫩

马、牛、羊是万时山草原上的"精灵"

草遍布大山，牛、马、羊在草原上漫游，点缀着高山草原，就像是天上散落下来的珍珠。

人骑在马背上，悠哉游哉，仿佛人成为了牛、马、羊群中的一员，同是苍穹之下，高山草原上的"精灵"。

站在峰顶，极目远眺，由近及远，层峦叠嶂，延伸到天际，似乎绵亘不绝的群山与天空连在一起，俨然天上的仙境。

那蓝蓝的天空，仿佛是无边无际的海洋，那莽莽群山犹如海底世界，那雪白的云朵飘浮其间，就像大龙小龙鱼族在海洋中闲游。

哦，海洋世界、陆地世界、天外世界是现实世界的"三界"空间，而万时山顶的万千景象，仿佛是"三界"空间的完美结合。

万时山顶上立有一块三面的"三省界碑"，这三面"界碑"仿佛是"三界"空间结合的标志，被群峰所环绕，这群峰中分别来自三省的几座高峰连在一起，就像一条"龙"，盘踞在万时山顶"三省界碑"的周围，成为了"界碑"护守神。

这几座连成"龙"状的山峰，被周边近处和远处的群山所簇拥，犹如君王被群臣参拜，高高在上，俯视大地，昂首上苍，成为了上苍的"龙气"在大地上的化身，这是万时山乃至红三角的灵韵所在。

上空的浮云犹如巨龙游走在群山之上，似乎与几座"龙"状山峰相呼应，或许是"龙"状连峰"龙"气上涌的体现。

这"龙"的浮云和"龙"的连峰，一虚一实，一动一静，似乎是先天元气的化身，在广漠的大地上创造生命，播种智慧，陶钧万品。

万时山北坡有飞水寨瀑布景区，溪流从峰峦山涧奔腾而下，形成大瀑布，瀑布宽26米，飞流直泻135米，气势如虹，"疑似银河落九天"。

大瀑布之下有一巨石如张口"龙头"，仿佛在吸纳大瀑布，或许这是万时山顶连峰的"天龙"向下伸出的"龙头"，在吞纳"养分"，仿佛又是山顶的"天龙"与山下的大瀑布"水龙"在交感。

流水潺潺，翠竹婆娑。峡谷之中，大瀑布汇成溪流流向远方，仿佛这瀑布溪流是万时山顶连峰山龙的化身，将上天的祥瑞之气带到人间每一个角落。

蓝天、白云、高山、草原、瀑布、溪流、古树、竹海、枫林、梯田、农舍、人、牛、马、羊，交织成一幅原生态的山水画。

万时山、岭南大草原和飞水寨瀑布是"龙"的灵韵所在，是天地人和的美妙畅想曲。

飞水寨瀑布气势如虹

有一巨石如张口『龙头』在『吞』纳瀑布

生态屏障南岭国家森林公园

岭南形胜行 黄智华

南岭山脉是中国南部最大山脉和重要自然地理界线。南岭国家森林公园是广东省最大的自然保护区，位广东省乳源县、阳山县、乐昌县和湖南宜章县两省四县交界处，北与湖南莽山国家森林公园相邻，公园总面积273平方公里。其位于南岭山脉的核心，处于越城岭、都庞岭、萌渚岭、骑田岭、大庾岭等五大岭的中心偏南地带，故命名为"南岭国家森林公园"。

这里保存着广东省最完整、最大片的原始森林，是中国亚热带常绿阔叶林中心地带，有着最完整的自然生态系统，是广东天然生态保护屏障。这里是广东物种宝库，有2000多种植物和200多种野生动物生活在这里，属于国家一、二级保护动植物达82种之多，是华南虎最后的栖息地。

公园内的石坑崆海拔1902米，是广东第一峰，石韦岭海拔1888米，为广东第二峰，四周群峰高耸。

南岭国家森林公园的特色是原始森林、潭水、瀑布群，还有连绵起伏的群峰。其中著名的九重山景观，最能体现南岭"层峦叠嶂"的特色，毛泽东诗中的"五岭逶迤腾细浪"，指的正是南岭的这种景观。

小黄山景区保留着国内最大片的"广东松"原始森林，冬季可看到南国独特的冰挂、雾凇景观。广东松最奇特的是，松叶颜色随四季变幻，春夏翠黄苍劲，寒冬一片粉蓝，故又名蓝松，它是我国特有树种，堪称"中国一奇"。

小黄山海拔1600米，顶峰为乳峰。在小黄山入口的观景台处，有著名的"迎客松"。迎客松生长在海拔1200米险峻的山壁上，汲取着大自然的精华，蓬勃生长，生机盎然。

公园内的瀑布群是南中国最大的天然瀑布群，瀑布的数量、规模和海拔均称广东一绝。瀑布群发源于广东第二峰石韦岭。

瀑布群自上而下有八大瀑布：千米瀑、孔雀瀑、飞流瀑、惊心瀑、虎口瀑、清心瀑、音韵

著名的南岭九重山景观

孔雀瀑外形像一只高傲的白孔雀

山间潭水畅游，悠哉游哉

瀑、双飞瀑。

亲水谷景区以"幽峡、碧潭、奇石"著称，主要景点有飞花潭、珍珠潭、九曲潭、青松潭、通幽峡、仙女潭、卧龙峡。

高耸的群峰，莽莽的林海，满目的古树，深壑的沟谷，清澈的溪水，美妙绝伦的飞瀑……

一袭云，一脉青山，一泓溪水。我喜欢这里的静逸，喜欢这里的松涛声，喜欢这里的潺潺溪水声，喜欢这里的清脆蝉鸣声。

松涛声、溪声、蝉鸣，弹奏出自然美妙的交响曲。我融入了这天籁之音，在潭水中畅游，悠哉游哉，享受着天地间的自然乐趣。

"蝉噪林逾静，鸟鸣山更幽"，山间听蝉，想其高洁。这蝉鸣声仿佛充满南岭山谷，充满深邃的宇宙时空！

似乎蝉就是禅，似乎这里和远处的一切都是静止的、不存在，唯有这蝉鸣声！

仿佛这蝉鸣声也逐渐远去，最终消失，似乎一切都不存在，又无所不在。

巍峨南岭显神韵

小黄山的"迎客松"生长在险峻山壁上

乳峰上的乳峰楼

岭南形胜行 黄智华

登上广东第一高峰

广东第一峰原始森林风景区位于南岭国家自然保护区范围，风景区内的石坑崆海拔1902米，为广东最高峰，也是南岭山脉的主峰。它坐落于湘粤交界处，比五岳之中的东岳泰山、中岳嵩山、南岳衡山还高，巍巍峨峨，直插云霄，被誉为"广东屋脊"。

第一峰风景区是北回归线上最大的一片绿洲，是广东最大的古老的原始森林。这里常绿阔叶林茂密，溪流四季不断，空气负离子含量是广东省之最。

景区险峰竞秀，古木参天，峡谷壮丽幽长，瀑群高悬，如诗如画，令人陶醉，而有远离红尘、身心愉悦的感觉。

登上广东第一高峰并不轻松，从阳山县城出发不久就到达景区门口，而上到高峰有39公里的路程。由于盘山路弯曲狭窄，波度大，还要防下山的车，驱车上行需要近两小时，而且这是高度集中精神的两小时，可以说是探险之旅，也有小伙子骑自行车上山的，张扬的是大自然生生不息之本性。

"天龙饮水区"有张口"龙头"在饮水

"天门"处远眺，层峦迭嶂

"天龙饮水区"和"天门"是两处"关口"。"天龙饮水区"有一大石块犹如张着口在饮水的"天龙"，似乎"天龙"在把守关口，这里深潭瀑布众多，是"龙门"。越过此处要经过"天露""仙水"的洗礼，将"凡尘"洗净，心灵得到净化，才能"轻装"前进。

巍峨南岭显神韵

"天门"处海拔628米,"天门"就是"心门",穿越"天门"到第一峰的过程就是"净心"的过程。

登上第一峰的山路可谓是天路一般,由于路难行且不少路段无护栏,一不小心就会掉下万丈深渊,所以,有车主还差几公里才到山顶,甚至未到"天门",就走不下去,而掉头返回。

这穿越"天门""净心"的过程,是穿越"心坎"的过程,是回复到纯净、平常之心,活出真我的"解脱"过程。

在"天门"关口,但见远处的高山层层迭迭,仿佛是打开"天门"后所呈现的九重天九野九霄仙境。

过了"天门",进入"九霄"仙境,顿时"心门"大开大动,感觉心有多宽,天地就有多阔,我的心仿佛与天地九霄相融合,包容天地万物。

随着不断上行,离虚空越来越近,似乎远离天地九霄,似乎天地九霄也不存在了,此时俗念不生,进入了"另一重天"的虚空境界。

我终于到达山顶风景区,广东第一峰顶就像一条刚出生的龙伏在巅峰之上,又似正在孵化的龙蛋,又似一太极,仿佛这岭南的山山水水都是这"龙蛋""太极"所化生,又仿佛是南岭之"龙母",造化苍生,陶钧万品。

徒步攀上广东第一峰顶,可谓无限风光在险峰,雾散去,感受到云在脚下,山在云上,一派仙境。

"会当凌绝顶,一览众山小",站立峰巅,居高临下,这时的"心门"反而有从过天门"九霄"仙境时大开大动,转为大收大静的感觉。

《金刚经》上说:"应无所住,而生其心。"大动归于大静,智慧的"心"就真正产生了。

峰顶眺望,云雾缭绕间,仿佛群"龙"在交感

第一峰顶像小龙,又似龙蛋,又似太极

登上广东第一高峰

大地裂痕乳源大峡谷

韶关地区自然风光优美迷人,并富有民族风情,特别是广东乳源大峡谷很壮观,令人叹为观止。

乳源大峡谷又称粤北大峡谷或广东大峡谷,属南岭山脉南麓群山区,为广东省最大的峡谷,景区位于距乳源瑶族自治县西南68公里的大布镇。大峡谷贯穿于乳源县大布镇和英德的波罗镇,全长15公里,最高深切度是400多米。

大峡谷的两侧是高角度的绝壁,十分险峻,谷内出露的岩石为距今3亿多年以前形成的沉积岩,以致密坚硬的石英岩为主。

大峡谷所在地原来只是山沟中的小盆地,由于受到燕山造山运动的影响,令地壳承受地块抬升的扩张力,而使部分地块张裂下陷形成裂谷,距今已有1000万年的历史。

到乳源大峡谷游览,从乳源到大峡谷要走漫长的山路,且多弯路,不过大峡谷还是值得去。峡谷中,有大瀑布从200多米的悬崖峭壁飞流直下,极为壮观,另有一条坡度达50度斜角的1386级石阶"通天梯"可达谷底。

乳源大峡谷很壮美

大峡谷是大地的一道裂痕,的确很壮观,具有雄、奇、险、秀的独特景致,沟壑纵横,奇峰林立,古木参天,大布河由东北向西南蜿蜒而过,构成一幅巧夺天工的山水画卷。

大峡谷瀑布从悬崖峭壁飞流直下

通往大峡谷的山路上不时见到几个小伙子结伴,背着露营行李,骑着自行车上山,估计他们要一两天时间才能到达大峡谷，这张扬着一种积极向上的精神和个性。

在乳源县城住了一宿后，我到必背瑶寨游览，在通往必背瑶寨的山路上，两旁的高山壮美如画，途中有河流，有杨溪水库大坝，有瀑布。这条京珠高速与广乐高速之间的几十公里的省道，是广东优美的风景线，这属于大瑶山区。

必背瑶寨地处乳源瑶族自治县必背镇，位于乳源县城东北54公里的大瑶山腹地。必背，原叫"鳖背"，因有小山形如鳖鱼背，故名"鳖背"。

必背瑶族属过山瑶，是瑶族的一个分支，隋唐时期从湖南等地迁入，明代以后，因为灾荒和战乱，必背瑶胞又大批向广西、云南等地迁徙，后再流散到东南亚，并辗转迁移到欧美各国。

必背瑶寨依山而建，有别致的树皮房、竹房，依山临涧的吊脚楼别具一格，成为一道风景线。

巍峨南岭显神韵

大峡谷具有雄、奇、险、秀特点

大峡谷底有一石柱，形似招财猫

必背瑶寨地处大瑶山腹地

岭南形胜行　黄智华

乐昌金鸡岭 "凤"聚之地

远看金鸡岭就像伏在江边的小龙

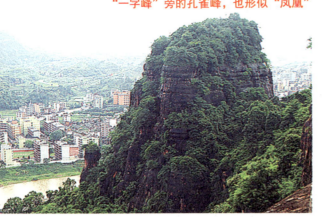

"一字峰"旁的孔雀峰，也形似"凤凰"

排岗如"蛇"在爬行

韶关乐昌砰石镇有广东八大风景名胜区之一的金鸡岭，其位于南岭山脉南麓，属典型的丹霞地貌，海拔338米，四周悬崖绝壁直如刀削。岭的西北峰顶有一红砂奇石，貌似"金鸡"引颈欲啼，故名金鸡岭。"金鸡"奇石全长20.8米，高8.4米，宽3.8米，由三块红岩石天然堆叠而成。

根据地质学家考证，这里远古时是海底盆地，经过漫长的岁月，沉积了厚厚的砂砾石和红砂层，后来盆地不断上升，受到水和风的剥蚀，岩石节理发育，形成了今天的红砂岩奇观。

金鸡岭上除了"金鸡石"，还有许多千姿百态的石景，如"拔地一峰""一字峰""孔雀石""猴子""蜡烛峰""笑佛卧岩"等。

丹崖绝壁"一字峰"长350余米，宽3～6米，似一巨大屏障，它正看成墙，侧视成峰，俯瞰为"龙"。

据景区介绍，金鸡岭位置险要，成为历代兵家必争之地。据说，太平天国时，洪秀全的妹妹洪宣娇曾领2000女兵驻守此岭，阻击北援清兵，至今岭上还保留着当年的练兵场、秣粮坡、鱼池、点将台、观武台、舂米石、兵器岩等遗迹。

巍峨南岭显神韵

在点将台上矗立着一尊高大的洪宣娇塑像，她手护战刀，英姿飒爽，注视着前方的练兵场。

百步梯之下，是地势隐蔽的狭谷，传说"金鸡"的配偶选择在这块地方下蛋，故称蛋谷。

狭谷的悬崖石壁上，有一幅以盘古开天、女娲补天和后羿射日三个神话故事为题材，所组成的《华夏魂》大型摩崖石雕。

依我看，粤北丹霞山为"龙"聚之地，而同样处于粤北的金鸡岭为"凤"（鸡）聚之地。丹霞山在东"五行"属"木"，为"龙"，金鸡岭在西"五行"属"金"，为"凤"，为"金鸡"。当年女将洪宣娇正是在这"凤"旺之地打败清兵的。

远看金鸡岭就像"龙""凤"交感而成的伏在江边的小龙，近看就像翘首的"凤"，练兵场附近有一列"排岗"如"蛇"，与"一字峰"这条小"龙"相对。"一字峰"侧有孔雀峰，其也形似"凤凰"。

"金鸡石"旁有骆驼峰，其形也似翘首的乌龟。

这样一来金鸡岭有"凤""金鸡""孔雀""蛇""龟"等阴性"动物"，并有小"龙"，可谓生气孕育之地。

金鸡岭与丹霞山，一西一东对应，一阴一阳相应，相互交感化育万物，也使地处南岭的韶关地区成为南粤孵化"生气"之地。

拔地一峰宛若引颈金鸡

金鸡石与骆驼峰（也似乌龟）

《华夏魂》摩崖石雕

金鸡岭观音岩寺

岭南形胜行 黄智华

连州地下河和湟川三峡

五岭之萌渚岭南麓有连州市，境内崇山峻岭、丘陵岗峦星罗棋布。连州市区以北26公里有著名的连州地下河旅游景区。

连州地下河隐藏在山势雄峻的大口岩溶洞中，呈现的是亚热带喀斯特地貌溶洞暗河景观。据地质学家考察，大约两亿年前，连州地下河所在地是一片汪洋大海，后来随地壳运动变化，海底上升为陆地。第二个地壳稳定时期，这里发生大规模的崩塌，从而形成现在的洞穴。

连州地下河洞穴穿过四座山头的底部，上下共分三层，全长1860米，最高处47.8米，最宽处53.6米，地下暗河位于下层，水流由北向南，蜿蜒曲折十八弯，全长1500米，经过三个美丽的峡谷：龙门峡、莲花峡、香蕉峡。

连州地下河洞口广阔，像大嘴巴，所以当地居民称之为大口岩。洞中有洞、洞中有桥、洞中有河、洞中有瀑布是连州地下河的四大绝景，其以神秘瑰丽的石钟乳及洞穴暗河而驰名中外。

连州地下河洞口像大嘴巴

擎天一柱　　类似外星人或怪兽的形象石

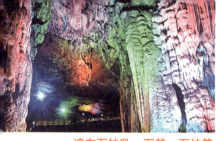
遍布石钟乳、石笋、石柱等

连州地下河有中国最大洞内瀑布群

类似玄鸟的"九天玄女"

连江河段有著名的湟川三峡

福山为道教第四十九福地

巍峨南岭显神韵

古时连州历代地方官都把石钟乳作为进贡朝廷的物品。据《连州志》记载，唐代文学家刘禹锡公元815年复出任连州刺史时，在《连州刺史厅壁记》中赞美连州的石钟乳："山秀而高，灵液渗滩，故石钟乳为天下甲，岁贡三百珠。"

连州地下河具有中国最大的洞内瀑布群，洞内布满石钟乳、石笋、石柱、石花、石幔等，有飞象过河、小鸟啄虫、八仙过海、狮子座莲、地下龙宫、海狮迎宾等形象石景。洞内第二层和第三层有佛光普照、东陂马蹄、关公神像、巴西仙人掌、南天门、汉白玉鹊桥、恐龙化石、孟姜女哭长城、仙人洞、伊甸园等景点。

洞穴景物绚丽多彩，景态万千，无不让人叹为观止，给人的感觉是神仙聚居之地。

在游览中，我印象深刻的是类似外星人或怪兽的形象石，以及"金鸡报晓""千里梯田"等景物，惟妙惟肖。我还发现类似玄鸟形象的"九天玄女"石块，其头部也类似西王母。

九天玄女乃先天女仙，天地之精神，阴阳之灵气。传说远古时，九天玄女以人首鸟身之像现身助黄帝战胜蚩尤，另外传说她是古代王朝商朝的始祖，她生下商的始祖契。

连州市区南面有著名的湟川三峡，由龙泉峡、楞伽峡、羊跳峡三道峡峙立，位于连州市区到龙潭镇的连江河段。

湟川三峡多胜景，古有定论，清朝连州知州林华皖在《连峡行》中赞道："历相九州名胜罕有伦比，惟有巫山巫峡可与同观。"

连州市北的保安镇有福山，又名静福山、抱福山、静禅山，是古连州八景之一，其呈四面环山，三座道观坐落其内，为道教七十二福地之第四十九福地，宗教地位很高，风水地理也很好，是粤北湘南道教的洞天福地，历来被认为是乾坤秀萃之所，仙灵之宅。

岭南形胜行 黄智华

连南百里瑶山千年瑶寨

连州市西南面连接连南瑶族自治县。连南县境地势北、西、南高，东部低平，山脉多由北向西南走向，山体中上部亘连着数百座山峰，其中海拔1000米以上的高山有161座。

县境最高为金坑镇的大雾山，海拔1659米。海拔1300米以上的山峰还有：起微山（1591米）、大龙山（1574米）、孔门山（1564米）、烟介岭（1472米）、茶坑顶（1384米）、大粟地顶（1381米）、天堂山（1364米）、大帝头顶（1314米）。这些山峰均属于南岭山脉南侧的余脉，方圆百余里，气势磅礴。

南岭余脉起伏延伸，逶迤纵横，在连绵百里的高山峻岭上，到处是瑶家村寨，处处展现瑶族风情，故连南瑶族自治县有"百里瑶山"之称。

瑶寨、梯田、"瑶山"，构成亮丽风景线

这里的瑶族，有过山瑶和排瑶之分。排瑶是因为瑶民习惯聚族居住，依山建房，其房屋排排相叠形成山寨，所以被称为"排瑶"；过山瑶则因为其祖先以耕山为主，"食尽一山过一山"，迁徙无常而得名。

连南县城西南27公里处、海拔800多米的高山上，有一座被誉为"中国瑶族第一寨"的南岗千年瑶寨，坐落在百里瑶山万山朝王的正面。这是中国规模最大、最古老、最具特色的瑶寨，始建于宋代，至今已有1000多年的历史，鼎盛时期有排瑶700多栋、1000多户、7000多人，被称为世界瑶族首领排。

连南有"百里瑶山"之称

南岗千年瑶寨周围山势险要，溪水奔流，群峰迭嶂。向上望去，瑶寨一排排整齐的房屋依山层叠而建，错落有致，面对着盘王峰。

走进千年古寨，踏上狭窄的古老石板道，仿佛走

南岗瑶寨被誉为"中国瑶族第一寨"

千年古寨到处是古老石板道

洪秀全传教屋

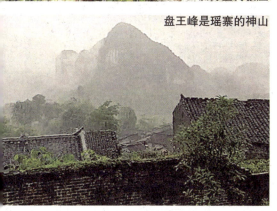
盘王峰是瑶寨的神山

巍峨南岭显神韵

进历史的时光隧道。千年回眸，悠悠岁月，思古之幽情油然而生。

"南岗排"是连南八排最大的瑶寨，据史料记载，连南南岗（包括其他八排瑶族）的祖先被认为是秦汉时期"长沙武陵蛮"的一部分，瑶族最早居住于洞庭湖以北，后来，因为战乱和受歧视而逐渐向湘粤桂三地边境处迁移，隋唐、宋朝时期，瑶族分多路逐渐向广东省内迁移，而明朝为最盛。

南岗千年瑶寨主要景点有瑶王屋、瑶练屋、歌堂坪、南岗庙、石棺墓、洪秀全传教屋等。

洪秀全是近代中国杰出的农民运动的领袖，据介绍，他在发动金田起义前，辗传数地，于清道光二十四年(公元1844年)三月十八日与冯云山经阳山白虎圩(今阳山黎埠)到南岗排，在"传教屋"居住数日，宣传拜上帝教，发动瑶民反清。

供奉盘王的南岗庙是一座古庙，建在全寨龙脉走向的"龙头"位置之上，以保佑全寨瑶民平平安安。

瑶家传说盘王是瑶家的始祖，开天辟地，造人丁，造五谷，造瑶歌、瑶经。

汉族文化中认为盘古是开天辟地的自然神，而瑶民则笃信盘王（盘瓠）为自己的祖先。在岭南地区，这两种文化交流整合最终形成盘古与盘瓠异源同流、相互融合的局面。

"盘王节"是瑶族的重大节日，相传农历十月十六是盘王的生日，此时又适逢秋收结束，为了纪念祖先，庆祝丰收，"耍歌堂"便选在这一天举行。瑶家这一天男女老少穿上节日盛装，汇集一起，首先祭祀盘王，大唱《盘王歌》，跳起黄泥鼓舞和长鼓舞，追念先祖功德，歌颂先祖英勇奋斗精神。

"盘王节"是瑶族传统节日（景区宣传画）

岭南山川如此多娇

英西峰林与洞天仙境

广东英德市西南60公里处的九龙、黄花、岩背三镇，有著名的英西峰林走廊风景区，这是群山环抱的一片谷地，属喀斯特地貌。

这里密集分布着上千座石灰岩山峰，溪涧、岩洞、古建筑点缀其间，是广东省最长、最密集的峰林景区，著名景点有千军峰林、公正村峰林、彭家祠、洞天仙境等，自然景观似桂林，故有"英西小桂林"之称，整个景区绵延20余里。

英西峰林走廊山水秀丽，山峰成林，特别是洞天仙境（原名穿天岩）景区素有"华南第一天坑"之称，是英西峰林走廊的核心景区。

英西峰林走廊风景区不亚于瑶池仙境

英西峰林胜景

洞天仙境景区入口

洞口有一巨柱与岩崖连体像"龙"或"凤"

山中有石洞，洞中有水，别有洞天

洞天仙境景区有极具观赏价值的喀斯特地貌，融山、水、洞、潭、瀑布、天生桥、天坑为一体，山中有洞，洞中有水，别有洞天，故称洞天仙境。

进入洞内，岩石突兀，耸立如笋，且形态万千，似人似物，栩栩如生。回望洞口，有一巨柱状的岩石屹立于山洞岩崖上，其与岩崖连体就像一条仰头回首的"龙"，也似一头"凤"，守在洞口。

洞天仙境位于英德市九龙镇，关于这九龙镇名字的来历有一段动人的传说。相传很久以前，龙有九子，有一天，这九子在天上看到英西峰林这地方山清水秀，不亚于瑶池仙境，于是，它们一时兴起下到凡间戏水。

与此同时，当地爆发一场瘟疫，九龙体恤百姓疾苦，用龙身钻山穿洞，打造出"洞天仙境"这一洞天福地，同时喷出神水，化作洞内的湖水，而患有瘟疫的百姓，喝下洞内的湖水，并在洞中歇息静养半日，所患疾病不治痊愈。

当地老百姓为纪念九龙的恩德，就将该地改名为"九龙"。

至于九龙后来的去向，我想，估计是龙九子私下凡间，被玉皇大帝发现而把它们化成英西峰林走廊的峰林，由于龙是"阳气"的化身，所以英西峰林的朝向都是向着东方。其中一条龙，当初或许钻进洞内躲避，而被化为洞口"龙"模样的岩石。

九龙镇附近是黄花镇，黄花镇坑坝螺山有彭家祠，建筑物依山势叠建而上，气势壮观，有"小布达拉宫"之称，其始建于清朝中期，是当地彭氏族人为抵御山贼而建，整个建筑四面封闭，仅中间一条石阶为通道。

岭南山川如此多娇

彭家祠有"小布达拉宫"之称

岭南形胜行 黄智华

清远金龙洞天然"聚宝盆"

清远市清新县浸潭镇六甲洞路段有一神奇洞穴，名金龙洞，其藏有与其他洞穴不同的"宝贝"。

六甲金龙洞是长达3公里的地下河洞穴。溶洞因地下河形似腾龙，且洞内有橙黄和橘红色的沉积物集中分布，呈现金鳞片片，金光闪闪，故名"金龙洞"。

金龙洞内有天然形成的石笋、钟乳石群，其状如巨大无比的"金龙"在腾飞。洞内有栩栩如生的元阴石、元阳石，以及金光闪闪的石瀑布、沧海桑田、罗马柱、千羊上山、富贵竹、大象嬉水、小黄龙、天池、龙帐等景观，形态万千。

其中，最有特色的几件宝：一是一座高4米、正面圆弧宽达10米的圆碗形岩石，就像"聚宝盆"，其在灯照之下金光闪闪，从不同角度可以看到三种不同的颜色，其状之巨大，被称为世界洞穴最大的天然"聚宝盆"；二是沉睡亿年的世界奇观石头开花；三是潭水中一块形如大鳄的岩石浮凸在水面，取名"千年鳄

金龙洞天然"聚宝盆"为世界洞穴最大

金龙洞布满石笋、钟乳石群

金龙洞为"龙"聚居之所

千年鳄鱼潭

"神仙"坐在"大象"上

鱼潭";四是有一组钟乳石,敲之发出七律之音,得名"音乐石壁"。

在我看来,金龙洞是"龙"气孕育之地,也可以说是凝聚天地间精灵之气。元阴石、元阳石、小黄龙这些象征的是孕育生命的种子,其是宇宙自然元气的化身;"音乐石壁"是天籁之音,是大自然美妙的原始交响曲;"聚宝盆"生育龙子龙孙,是子息繁衍的温床和摇篮;沧海桑田、千羊上山、富贵竹、石花等景观象征的是维持生命的要素。

金龙洞的确是充满生机之所,特别是石头开花为一大奇观,其是洞内生气阴阳交感的结果,是生气萌发的体现,石花或许是洞中"龙气"汲取的养分。

当然,石头开花是自然现象,据洞内资料介绍,这是含有碳酸氢钙的地下水从洞顶或洞壁岩石的小细裂缝中渗出时,由于水中二氧化碳逸散排入空气,导致碳酸氢钙微粒沉淀,经过结晶作用而逐渐形成,其过程非常漫长。

岭南山川如此多娇

石头开花是奇观

石头开花,生气萌发

道教福地飞霞山祈福

清远飞霞山风景区俗称飞来峡风景区，西离清远市区20多公里，两岸有七十二峰。飞霞山风景区由飞来峡大坝、飞来寺、飞来岛、飞来湖、飞霞古洞、藏霞古洞、锦霞禅院等众多景点组成。

飞霞山自然风光秀丽，古木参天，古迹遍布，以古、奇、美独具风格，是广东八大名山之一，也是道教七十二福地中的第十九福地（广东第一福地）。唐代的张九龄、韩愈，以及宋朝的苏东坡、明代的海瑞、清代的袁牧等，众多文人墨客都曾慕名而来。

飞来寺位于飞霞山下游数公里的北江河畔，靠近飞来峡出口处，临江倚山而立，其始建于公元520年，是岭南三大古寺之一。相传它从安徽舒州飞来此地，故名。寺院后山有九级飞瀑、东坡亭和道教第十九福地遗址。

飞来寺位置犹如蛟龙饮水、金凤乘风，位居第十九福地之龙首，左青龙，右白虎，前望江，观日出，被誉为风水宝地。

飞霞古洞是全国为数不多、岭南地区最大的儒释道"三教合一"的宗教场所，为飞霞古洞道观、藏霞古洞、锦霞禅院、孔圣庙等的统称。

孔圣庙坐落在洞口广场，由牌坊、孔圣殿、名贤殿、碑廊和陈列馆组成。孔圣庙内屏风上刻有孔子《礼运大同篇》：

大道之行也，天下为公。选贤与能，讲信修睦。故人不独亲其亲，不独子其子。使老有所终，壮有所用，幼有所长。矜寡孤独废疾者，皆有所养。男有分，女有归。货恶其弃于地也，不必藏于己。力恶其不出于身也，不必为己。是故谋闭而不兴，盗窃乱贼而不作。故外户而不闭。是谓大同。

飞霞山风景区两岸有七十二峰

这段话描述了孔子的理想世界。没有彼此、人我、是非之分别，人人自由，人人平等，人人和睦相处，丰衣足食，没有战争，天下太平，这是大同世界，这就是人间"大道"。

密林深处，与孔圣庙相邻的是藏霞古洞，此处被誉为"金龟背上有形迹，仙鹤回头两相抱"的风水圣地。

藏霞古洞建于清同治三年(公元1863年)，据说天空中的云霞飘到这里便很少流动，且经久不散，故得名。这里是道教活动场所，过去是道士潜修之地，素有"名山洞府""幽谷藏珍"之称。主体建筑有报本祠、三仙殿、观音殿、瑶池金母殿、三元殿等，其"天然石佛""初祖遗迹""琴音奇树""仙人对弈"等为藏霞胜景。

藏霞古洞山峰，有一崖石仿佛隐现达摩像，这是飞霞山灵韵之处。

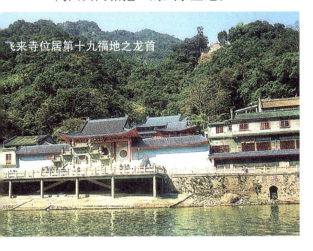

飞来寺位居第十九福地之龙首

飞霞古洞为儒释道三教合一的场所

素有"名山洞府"之称的藏霞古洞

藏霞古洞山峰有一崖石仿佛隐现达摩像

岭南山川如此多娇

岭南形胜行 黄智华

飞来峡水利枢纽

飞来峡是北江三峡之一，古称清远峡、中宿峡或禺峡，是北江水道的重要津口，为北江中下游的分界点，全长9公里。在这条古津要道上，频繁的洪水灾害，是两岸尤其是下游的心腹之患。宋代至明代年间，这里开始建有防御洪潮的堤防。

现今这里于崇山峻岭之中，舒展着万顷碧波的高峡水库平湖，与雄伟的拦河坝、发电厂、变电站、发电厂房和过船闸，交织成一幅恢宏壮丽的画卷——广东规模最大的综合性水利工程飞来峡水利枢纽。拦河大坝高52.3米，主、副坝坝顶总长2952米，坝顶为8米宽公路。水电站是北江干支流上最大的水电站。

这座全国七大堤防之一的防洪屏障，同时兼有发电、航运、供水和改善生态环境等作用，是北江流域综合治理的关键工程。

飞来峡枢纽与北江大堤联合组成北江中下游防洪体系，水库可以起到滞洪调峰作用，使北江大堤可防御300年一遇的洪水，为下游及珠江三角洲提供了可靠的防洪安全保障，根治了广东的心腹之患。

北江由北往南流到连江口至飞来峡这一带，江面变阔，左右延伸，犹如张牙舞爪的巨龙，这里山环水抱，是"龙气"积聚和喷发之地，但也易给下游收窄的河道造成洪灾，所以设堤建坝建水库，有利于防洪并缓和水流，也有利于这一带"龙气"的进一步积聚并带来勃勃生机，更优化这里的生态环境。

另外，在飞霞山、飞来寺附近至清远市区这一带，北江呈现由北转向西的大转弯，所谓"曲则有情"，带来了聚气和焕发生气的效应，所以形成了清远这一较大城市的聚居之所，不少大城市均建立在江河弯曲之处。而飞来峡一带设堤建

北江流至飞来峡一带江面变阔，设堤建坝利于防洪

坝建水库，有利于这弯曲之处保持水势的平稳。

飞来峡一带有"风光誉南国，古迹遍峡山"之称。飞来峡因峡谷北岸有古寺飞来寺而得名。

那一年，我与一群武术养生爱好者到飞霞山练功祈福，游览飞来峡水利枢纽，在船上品美食，畅游北江三峡，登飞来岛，在附近的天子山瀑布景区瀑布龙潭中戏水，享自然之乐。

我们登上飞霞山藏霞古洞山峰，我们在隐现达摩像的崖石前一起练功采气。

后来，我们在藏霞古洞财神殿集体念《财神经》，祈求人间五谷丰登，经济日上，财神下凡，祈求者好运绵绵，财智增长！

"天下熙熙皆为利来，天下攘攘皆为利往"，社会发展的动力正源自于人们对幸福生活与财富的追求和期盼。

岭南山川如此多娇

飞来峡水利枢纽规模为广东最大

一群武术养生爱好者在飞霞山练功祈福

飞来峡有"风光誉南国"之称

北回归线绿洲鼎湖山和七星岩

位于肇庆市境东北部的鼎湖山，以天然森林、溪流飞瀑见长，负离子含量高，物种丰富多样，被誉为"天然氧气库""物种宝库"，与韶关丹霞山、博罗罗浮山、佛山西樵山合称为广东省四大名山。

从世界范围来看，整条北回归线带几乎全是沙漠或干旱草原，而纬度相当的鼎湖山自然保护区，由于受季风影响，却是一片生机盎然的亚热带、热带森林，被誉为"北回归线上的绿宝石"。

鼎湖山分天溪、云溪、天湖三个风景区，天溪风景区是主要旅游区，有庆云寺、荣睿碑亭、飞水潭、双虹飞堑等胜景。

飞水潭又叫龙潭飞瀑，因悬崖绝壁之上，一股飞瀑直泻而下，如银龙入潭，故名。1923年7月下旬孙中山和宋庆龄来鼎湖山游览，曾在飞水潭中游泳，宋庆龄后来题词"孙中山先生游泳处"。

鼎湖山自唐代以来就是著名的佛教圣地。公元676年，六祖惠能的弟子智常禅师在鼎湖山西南之顶老鼎建白云寺，此后，高僧云集，前来朝拜的信众甚多。

位于鼎湖山天溪山谷有庆云寺，它始建于明崇祯九年（公元1636年），是在莲花庵的基础上扩建而成的，素有"禅、净、律三宗俱善"之盛名，是广东四大名刹之一。寺内藏有文物古迹甚丰，如舍利子、千人镬、大铜钟、平南王大法座、《碛砂藏经》、百梅诗碑、梅花图碑刻等。

肇庆市区北约2公里处，有七星岩景区。景区由五湖、六岗、七岩、八洞组成，湖中有山，山中有洞，洞中有河，因湖、岩交错，点缀如星，故又名星湖。

位于景区中心的七星岩摩崖石刻，共有531题，其中石室洞有333题，是广东省保存最多、最集中的石刻群。石刻名人手迹众多，其中唐代书法家李邕正楷《端州石室记》，是摩崖石刻的珍品。

七星岩风光旖旎，被誉为"人间仙境"。湖中小岛郁郁

孙中山曾在鼎湖山飞水潭中游泳

庆云寺是鼎湖山的灵韵所在

庆云寺是佛教第十七福地

七星岩被誉为"人间仙境"

温情脉脉的仙女湖与俊俏的岩峰相依相偎

七星岩洞摩崖石刻

七星岩洞内奇景"仙桃献佛"

葱葱，仿佛是湖面漂浮着一抹绿点；一湖碧水，波光粼粼，入人心扉。

行走在20多公里蜿蜒交错的湖堤上，流连于湖光山色之中，令人不禁慨叹这里集"桂林之山，杭州之水"之妙。

七星岩主体由阆风岩、玉屏岩、石室岩、天柱岩、蟾蜍岩、仙掌岩、阿坡岩七座石灰岩山峰组成。前六岩并排而列，状若贯珠，后一岩横控其背，形似北斗七星，故此得名。

北斗七星被人间视为司命主寿的七位星君，七星岩仿佛是天上北斗七星的化身，是下凡的七星君，保佑着世间和平安泰。

七星岩又仿佛是下凡寻找世间情缘的七仙女的化身，七仙女是神话传说中玉皇大帝的七个女儿。

仰视七星岩，我浮想翩翩，天上的七仙女，她们在天上看到人间男耕女织，夫唱妇随，很是羡慕，于是不禁起了思凡之心，一同下凡到了人间，来到美丽的星湖。

星湖边居住着七个兄弟，他们辛勤耕作，感情深厚，七仙女被他们的勤劳朴实所吸引，时常偷看着他们。有一天，七仙女在星湖里沐浴，刚上岸准备穿衣服，突然一条大青蛇爬了过来，吓得七仙女花容失色，不知所措。

这时，在树丛中的七兄弟一跃而出，赶走了大青蛇。七仙女为报答救命之恩，分别与七兄弟结为夫妻。

后来，玉皇大帝知道七个女儿私自下凡许身人间而勃然大怒，于是把七仙女化成了仙女湖里的七座石岩。

七兄弟终日守护在七座石岩的旁边，最后，七兄弟也化作了小岛，与"七仙女"长相厮守，"山无陵，江水为竭，冬雷阵阵，夏雨雪，天地合，乃敢与君绝！"

这是我对七星岩想象出来的故事，七星岩是人间情缘的象征。

七星岩与鼎湖山一起组成星湖风景名胜区，这里生态环境佳，具山幽、林茂、水碧、气清、景美的特点，是度假旅游胜地。

岭南山川如此多娇

岭南形胜行 黄智华

"三教"融合之地西樵山

西樵山位于广东省佛山市南海区西南部，是广东四大名山之一，主峰大科峰海拔344米。西樵山是沉寂亿万年的古火山。

西樵山是国家森林公园、国家地质公园，其钟灵毓秀，山水相映，鸟语花香，湖、瀑、泉、涧、岩、壁、潭、台点缀其中，令人心旷神怡，流连忘返。古人赞之为"谁信匡庐千嶂瀑，移来一半在西樵"。

西樵山风景区有72座奇峰、36个岩洞、232眼清泉、28处飞瀑、东西2天湖，并有十大景区，即白云洞、黄飞鸿狮艺武术馆、宝峰寺、碧玉洞、天湖、九龙岩、翠岩、石燕岩、云海莲台、圣境园。

翠岩位于西樵山中部，是一条上窄下宽的漏斗状峡谷，谷中峭崖壁立，满目青翠，清幽无比。石壁上有不少摩崖题刻。谷内崖石上榕根交错如网，花木葱茏、泉歌不绝，呈现一派诗情画意。

清代画家黎简与何丹山曾常住翠岩写诗作画，因而翠岩被尊为岭南画派的发源地。

西樵山以佛、儒、道三教融合为特色。西樵山宝峰寺有着600多年历史，为南粤名寺之一。西樵山内有云泉仙馆，依山借势而筑。

明清时期，以湛若水、何白云、康有为为代表的一大批文人学子隐居西樵山，探求理学，锤炼心性，苦求变法强国之路，使西樵山获得了"南粤理学名山"的雅号。

1878年冬，21岁的康有为离开了教育他3年的岭南儒学大师朱次琦，来到西樵山三湖书院修学2年，探索变法图强之路，并在后来发动了轰轰烈烈的"戊戌变法"，为此，三湖书院素有"戊戌摇篮"之称。

西樵山还是"南拳文化"的发源地，近代武林宗师黄飞鸿是这个门派的代表。黄飞鸿1847年生于佛山，他一生以弘扬国粹，振兴武术为己任，同时他也是一位济世为怀、救死扶伤的名医。

西樵山第二高峰、海拔292米的大仙峰上，耸立着世界第一观音坐像，观音法相高为61.9米，寓意观

西樵山是沉寂亿万年的古火山

翠岩满目青翠，无比清幽

音成道于六月十九日之意。

观音坐像背枕西樵最高峰大科峰，左右分别为双马峰和马鞍峰，呈现"左青龙蜿蜒，右白虎驯伏，背玄武垂头，前朱雀翔舞"吉穴之势。

观音法相慈眉善目地稳坐在莲花台上，广视众生，显现安详凝重，救苦救难的慈悲法相。

《妙法莲花经·譬喻品》中说："大慈大悲，常无懈倦，恒求善事，利益一切。"观世音菩萨具有平等无私的广大悲愿，最能适应众生的要求，对不同的众生，现化不同的身相，说不同的法门。在佛教的众多菩萨中，观世音菩萨最为民间所熟知和信仰。

据《大悲心陀罗尼经》载，观世音菩萨具有不可思议的威神力，于过去无量劫中已然成佛，名为正法明如来，然以大悲愿力，以菩萨行广度众生。《观世音菩萨普门品》宣说，如果众生在受苦之时念观世音菩萨的名号，观世音菩萨就能让其得到解脱。

西樵山下有黄大仙圣境园，园内有黄大仙圣像，全由花岗岩镶砌雕刻而成，其高28米。圣像坐西北朝东南，手持拂尘，身披道袍，慈祥肃穆。

黄大仙为浙江金华人，生于公元328年，少时牧羊，后在金华山中修炼得道，羽化登天，自号赤松子，宋代敕封为"养素净正真人"。他劝人积善，以行医济世为怀，授人药方，除病解困，深受人们爱戴和崇祀。黄大仙信仰在港澳台、东南亚流传甚广。在其得道升仙地建有浙江金华黄大仙祖宫，另广州和香港等地建有黄大仙祠，香港亦有为纪念他而设立黄大仙区。

黄大仙原名黄初平，传说他15岁那年，一天去放羊，人和羊全没了踪影。他的哥哥黄初起到处寻找他，40多年后在街市上看到一个道士在占卜，在道士指示下，黄初起寻到金华山，果然见到了弟弟初平。兄弟相见，才知初平当年被一位仙翁带到此地修炼，悟得修道玄机。

哥哥问弟弟道："羊在哪里？"黄初平指着山坡上的白石头说："就在那儿"，并口念法咒，说了声："羊起"，白石头顿时应声而起变成千万只山羊。

初起惊讶不已，便跟初平学道。后来，他们都成仙了，黄初平便是日后的黄大仙。

岭南山川如此多娇

世界第一观音坐像坐落在西樵山

西樵山下有黄大仙圣境园

广东最美海岛海陵岛

海陵岛位于广东省阳江市西南沿海的南海北部海域,距阳江市区20公里,是广东最美的海岛。

海陵岛四面环海,属亚热带海洋气候,年平均气温22.3℃,年晴天310天,冬无严寒,夏无酷暑,四季如春,海水浴时间长达8个月,是国内外不可多得的自然生态海岛。岛内有大角湾、马尾岛、十里银滩及金沙滩等风景区。

大角湾风景区位于海陵岛西南端,沙滩长2.5公里,宽100米,因状似牛角,故名"大角湾"。大角湾三面群峰拱护,面向浩瀚南海,这里的山形就像要潜入大海中的乌龟。

到海陵岛度假,享受蓝天白云、海浪沙滩,躺在沙滩上,任凭海风的吹打,身心无比的轻松,这就是自然之乐。

大角湾有"南海放生台""妈祖庙"。妈祖庙(又称为天后宫)坐落在大角山东南面。

妈祖是福建一带渔民奉祀的神灵,原名叫"林默",女性,宋朝人,生于福建莆田湄洲岛,传说在她即要降生的傍晚,邻里乡亲见流星化为一道红光从西北天空射来。

传说林默13岁时得道人指点,被授以"玄微秘法",15岁道成。道成后,林默在井中得神仙"铜符",传说这是南海观音菩萨所赐的法宝,灵验异常。自此,林默灵通道化,驱邪救世,屡显神奇。

林默经常把观察得到的海上气象告诉人们,使许多渔船和商旅避免了危险。年轻的林默练就了一身好水性,曾于风暴中只身出海救父兄,并

海陵岛十里银滩,浩瀚南海

且哪里有呼救，那里就出现她的身影，经她救起的渔民无数。

传说林默28岁时，一次在海上搭救遇险船只不幸被桅杆击中头部，落水身亡，后被人们尊为海上神灵，称之为妈祖，清朝时被帝王封为"天后"。

乡人在她升天之地建祠后，身穿红装的妈祖经常在海上显灵，保护一方航海安全，航海人敬之若神。

宋元之际，福建莆田官民随宋帝南逃，原籍福建的"妈祖"香火也随之而来。

妈祖一生奔波海上，善良正直，扶贫济困，勇敢无畏，解救危难，造福民众，以行善济世为己任，这也是妈祖文化的精神。

妈祖是流传于中国沿海地区的汉族民间信仰，妈祖文化体现了汉族海洋文化的一种特质。大海是生命的源泉，但也让人敬畏，所以人们信奉妈祖，妈祖成为航海者海上活动的精神支柱。

妈祖被尊为"护航女神""镇海之神"，还被视为观音菩萨的化身。许多海外华人也信奉妈祖，不少华人聚居之地都建有妈祖庙，妈祖成为民族文化的一种象征。

作为汉族海洋文化的代表，妈祖文化近千年来一直与我国诸多和平外交活动、海上交通贸易，都有着密切关联。妈祖文化成为了全人类尤其是21世纪海上丝绸之路沿线国家共属的精神财富。

山就像乌龟要潜入大海中

海陵岛大角湾妈祖庙

大角湾"南海放生台"

岭南形胜行 黄智华

南宋古沉船与海上丝路

海陵岛以"南海Ⅰ号、丝路水道"的美誉入选中国十大宝岛，以"南中国海边的明珠"和"阳光、沙滩、海水的完美结合"，被评为中国最美十大海岛之一。

海陵岛十里银滩上建有"广东海上丝绸之路博物馆"，该博物馆主要展出沉寂于海底800多年的南宋古沉船"南海Ⅰ号"，以及展示相关资料。

1987年8月，广州救捞局与英国海洋探测公司在阳江海域寻找东印度公司沉船时，意外在一艘宋代商船中打捞出200多件瓷器。后经过保护发掘和逐层清理，船舱内超过6万件层层叠叠、密密麻麻的南宋瓷器得以重见天日，展现在世人面前。经过考古识别，这些均是南宋外销瓷，主要由江西景德镇窑系、浙江龙泉窑系、福建德化窑系、福建闽清义窑系和福建磁灶窑系等五大民窑瓷器构成。

考古界认为该船可能与海上丝路有关，被命名为"南海Ⅰ号"。

"南海Ⅰ号"古船是尖头船，整艘商船长30.4米、宽9.8米，船身（不算桅杆）高约4米，排水量估计可达600吨。

专家从船头位置推测，当时这艘古船是从中国驶出，赴新加坡、印度等东南亚地区或中东地区进行海外贸易。

南宋古沉船"南海Ⅰ号"是迄今为止，世界上发现的海上沉船中年代最早、船体最大、保存最完整的远洋贸易商船，是"海上丝绸之路"主航道上的珍贵文化遗存。

古代海上丝绸之路从中国东南沿海，经过中南半岛和南海诸国，穿过印度洋，进入红海，抵达东非和欧洲，是中国与外国贸易往来和

海陵岛的阳光、沙滩、海水完美结合

海陵岛四季如春

文化交流的海上大通道。尤其是在宋元时期，中国造船技术和航海技术的大幅提升以及指南针的航海运用，全面提升了商船远航能力，私人海上贸易得到了较大发展。

中国境内海上丝绸之路主要由广州、泉州、宁波三个主港和其他支线港组成。古代海上丝绸之路发展过程，大致可分为五个历史阶段：海上丝绸之路形成期——秦汉，海上丝绸之路发展期——魏晋，海上丝绸之路繁盛期——隋唐，海上丝绸之路鼎盛期——宋元，海上丝绸之路由盛转衰期——明清。

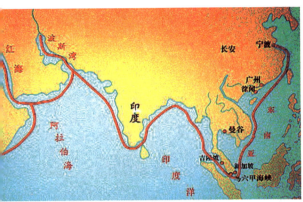

古代中国东南沿海有一条通往东南亚、印度洋北部诸国、红海沿岸、东北非和波斯湾诸国的海上航路，叫作"广州通海夷道"，这便是我国最早叫法的海上丝绸之路（广东海上丝绸之路博物馆图片）

明成祖时，三宝太监郑和受命率领200多艘海船、2.7万多人，从太仓的刘家港起锚（今江苏太仓市浏河镇），远航西太平洋和印度洋拜访了30多个国家和地区，最远曾达东非、红海。

郑和下西洋是中国古代规模最大、船只最多、海员最多、时间最久的海上航行，比欧洲国家航海时间早半个多世纪。

郑和七次下西洋，加强了古代中国同海外各国的联系，是明朝强盛的直接体现，同时妈祖信仰也借助此航行，传播到南洋诸国。

明初郑和下西洋（广东海上丝绸之路博物馆图片）

广州是海上"丝绸之路"的始发地，坐落在广州黄埔区庙头村的南海神庙，是我国古代对外贸易的一处重要史迹。

古代海上丝绸之路作为中外往来交流的海上大通道，犹如一条海龙将辉煌灿烂的古代东方文明传播到海外。

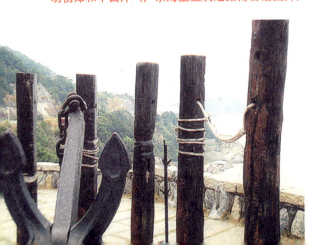

"南海Ⅰ号"船是唯一能见证古代海上丝绸之路的沉船

岭南山川如此多娇

过外伶仃岛 "过伶仃洋"

在星罗棋布的万山群岛中，地处珠江入海口的外伶仃岛风格独特，环境优美，是唯一可看到香港市中心的海岛，而因该岛伶仃孤立，且在伶仃洋外，故名外伶仃岛。

民族英雄文天祥《过伶仃洋》的名句"人生自古谁无死，留取丹心照汗青"，即诞生于此。

外伶仃岛以水清石奇为人称道，岛上伶仃湾、塔湾、大东湾的沙滩，沙质细腻，海水湛蓝，清澈见底。

到外伶仃岛旅游，我最爱吃当地的特色小食海草膏。

在街市闲游，我在一移动档摊买了几碗不同特色的海草膏吃，档主是一对年轻的夫妇，男档主叫阿斌，他见我挂着相机，问我是否搞摄影的。

闲谈中得知，他们来自贵州，初来岛上时只有他们独家做海草膏卖，节假日时每天能卖上一两千元，后来仿造卖的商贩多了，生意就差了些。

外伶仃岛石奇水美

男档主还兼修摩托车，后来我坐他的摩托车上山顶公园。上到半山，我叩拜了高达8米的玄武大帝宝像。

玄武大帝为管水之神，造像威风凛凛，坐镇在伶仃峰半山瑞气缭绕之间，面向大海，福佑一方水土。

山顶公园主峰伶仃峰高达311.8米，从半山起有通天洞直达顶峰。伶仃峰石景公园有"万山群岛第一天然奇石公园"之美誉，景区内奇石堆叠，有海豹石、巨鲸石、雄鸡

玄武大帝坐镇在伶仃峰半山，福佑一方水土

岭南山川如此多娇

伶仃峰石景公园奇石堆叠

云朵化作翻江倒海的"巨龙"

群岛星罗棋布，让人有指点江山的冲动

夕阳就像是天空中闯开的"大洞"

石、阴阳石等。

凭高远眺，万山群岛海域一望无际，群岛星罗棋布，像是天上的星星散落在伶仃洋上，又像是一盘棋盘，有让人运筹帷幄，指点江山的冲动；也令人不禁慨叹天地就是棋盘，人其实就是棋盘上的一粒棋子、天地间的过客，与茫茫大海相比，人只是沧海之一粟。

海天一色，风起云涌，云朵时而呈现一座座云山，与海面上的岛屿连成一体，仿佛岛屿的背后是仙山，似乎与天上的神仙境界在咫尺之间；云朵时而化作成神仙在打坐的模样，也像众神仙在过海；云朵仿佛又变成了腾飞在大海和岛屿之上的"巨龙"，仿佛是飞龙在乘云而翻江倒海。云海飘浮间，香江景物在海上时隐时现，恍若海市蜃楼，琼台仙阁。

悬挂在半空中的斜阳，就像是天空中闯开的一个"大洞"，夕阳西下，海天一色，大地沐浴在霞光之中，仿佛绣出一幅美妙的油墨丹青；落日的余晖轻轻地抚摸着脸孔，就像一束连接宇宙深处的时光隧道，似乎要将海面上的海水、岛屿、渔船和人都收进那幽邃的"大洞"中。

徜徉在恬谧而柔软的夕照之中，剪下的一缕残阳，缥缈而去，似乎将我对世界的梦想带到"大洞"中，带到那遥远的天宇间！

云朵、落日、海面、群岛、渔船、海鸥、蜃景，演奏出令人陶醉的美妙交响曲。

岭南形胜行 黄智华

桂林山水甲天下

桂林地处南岭山系西南部、湘桂走廊南端,是世界著名的旅游城市,千百年来享有"桂林山水甲天下"的美誉。

山与水的完美结合是桂林景色的最大特点,这里既有桂林城徽——象鼻山、人称世外桃源的小漓江——遇龙河、百里画廊的漓江风光,又有桂林龙脉福地——靖江王府……

桂林山水犹如天工神笔,其山清、水秀、洞奇、石美,确立了桂林作为风景旅游城市在中国乃至国际上的地位。

站在船头,看青绿江水,清澈见底,两岸有黄布倒影、鲤鱼跳龙门、朝板山、螺丝山、美女照镜等秀美山水景点。

漓江,像一条青绸绿带,盘绕在万千峰峦之间,奇峰夹岸,碧水萦回,景色优美。

在历史文化方面,令我陶醉的是靖江王城的历史传统文化底蕴。靖江王城坐落于桂林市中心,建于明洪武五年至明洪武二十五年,它是明太祖朱元璋侄孙朱守谦被封为靖江王时修造的王城。

王府规模宏大,从建成到明代覆灭的257年中,这里住过12代14位藩王,后来被清朝定南王孔有德所占而成为定南王府。

靖江王府是我国现今历史最长且保存得最完好的明代藩王府,清朝时为广西贡院,现为广西师范大学本部校区,其浓缩了最近几百年来桂林的历史和文化。

王府位于桂林的中轴线上,背靠"独秀峰",漓江和桃花江左怀右抱,形成风水上的左青龙、右白虎、后玄武的格局。

位于王城内的独秀峰,孤峰凸起,陡峭高

著名的叠彩山

桂林城徽——象鼻山

百里画廊漓江风光

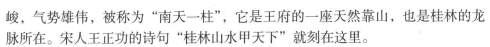

峻，气势雄伟，被称为"南天一柱"，它是王府的一座天然靠山，也是桂林的龙脉所在。宋人王正功的诗句"桂林山水甲天下"就刻在这里。

独秀峰是桂林主要山峰之一，与桂林著名的叠彩山、伏波山三足鼎立，其相对高度66米，由3.5亿年前浅海生物化学沉积的石灰岩组成。

独秀峰下太平岩洞内的"太岁"摩岩石刻也是一大奇景，是中国最大规模的太岁像石刻，也是全国唯一的六十甲子太岁本命原神摩崖石刻像。

据说每个人都有一个"太岁"保护着，不少游客在属于他们的太岁前做虔诚的祈祷，默默许下自己的愿望。

洞外，山崖上刻有一个红色的"寿"字，传为慈禧所写。相传在清光绪年间，慈禧太后在她60岁大寿的时候，广西提督特意进太平岩洞拓印了一幅属于慈禧的太岁像，送给慈禧，慈禧见后大喜，写了一个"寿"字赐予广西提督，广西提督便将此字刻于独秀峰南壁。

靖江王府后门左边是贡院，那是明代以后，学生读书学习的地方。贡院内还仿建了当年的考场，被隔成很多小间，一人一间。在贡院，我们被安排了一场古代科举的模拟考试，感受一下古时学子们"十年寒窗"的艰辛和"金榜题名"的喜悦。

我填好试卷后，看到"第几名"的字眼，便填上了"一"字，结果"高中"，还穿上了"状元"袍，参拜祖师"孔子"像，过了一把"高中"的瘾。

中国古代科举分为三级：乡试考中者为举人，第一名为解元；会试考中者为贡士，第一名为会元；殿试考中者为进士，前三名为一甲，即状元、榜眼和探花，赐进士及第，骑马游街。三元及第指乡试、会试、殿试都得第一，历史上三元及第者凤毛麟角，有记载的总共17人，而桂林就有1人，此人就是陈继昌。

岭南山川如此多娇

世外桃源遇龙河

靖江王府为龙脉所在

独秀峰素有『南天一柱』之称

高中『状元』

广东清远阳山县北山古寺是"佛"的世界

岭南古刹宫观

南禅祖庭韶关南华寺

"水香知是曹溪口,眼净同盾古佛衣,不向南华结香火,此身何处是真依?"这是宋代大文学家苏轼的诗句。

南华禅寺是中国佛教名寺之一,位于韶关市曲江区马坝东南7公里的曹溪之畔,依山傍水,环境幽静。

南华禅寺是禅宗六祖惠能弘扬"南宗禅法"的发源地,素有南禅祖庭之称,与嵩山少林寺并称为禅宗祖庭。寺庙存有大量珍贵文物,为全国重点文物保护单位之一。

据明万历《曹溪通志》记载:南朝梁武帝天监元年(公元502年),印度高僧智药三藏见此地"山水回合,峰峦奇秀,叹如西天宝林山也",遂建议地方官奏请武帝建寺。天监三年(公元504年),寺庙建成,梁武帝赐额"宝林寺"。唐仪凤二年(公元677年)始,六祖惠能来宝林寺说法36载,使南宗禅法传播于天下。宋开宝元年(公元968年),太祖赐额改称"南华禅寺",沿称至今。

寺内寺外古树参天,浓荫蔽日,一派宁静肃穆景象。祖殿中央有三座仿阿育王式木塔佛龛,分别供奉着三具肉体真身菩萨,左为明代丹田和尚真身,右为明代憨山德清和尚真身,居中者为禅宗六祖惠能和尚真身。

六祖惠能真身是南华禅寺最珍贵的文物,被称作镇山之宝。当时惠能圆寂前,身披袈裟,双腿盘屈,打坐入定,不吃不喝,使体内营养和水分逐渐耗尽,最终坐化圆寂。之后他的弟子用夹苎法塑造六祖真身像。

禅宗六祖惠能

南华禅寺建于公元502年

南华禅寺藏经阁

祖殿供奉惠能真身

岭南形胜行 黄智华

六祖故居和龙山国恩寺

六祖惠能故居

国恩寺被视为岭南第一圣域

一代高僧六祖惠能是中国佛教禅宗的创始人，惠能主张"一切众生皆有佛性"，"佛法在世间，不离世间觉"，"人人都可以成佛、佛在我心"等所谓"顿悟成佛"，被称为"真正的中国佛教的始祖"。他与孔子、老子三位被称为"东方三圣"，欧洲将他列入"世界十大思想家"之列。

六祖惠能故居位于广东新兴县六祖镇夏卢村，夏卢村里至今仍然有众多用科学解释不了的不解之谜，如古圣荔、戒疤荔、灵蛙等等。

据历史记载，唐贞观十二年（公元638年）农历二月初八子时，新州（今新兴县）夏卢村的卢家茅舍里，一个婴儿呱呱落地。传说婴儿降生时祥光献瑞，香气氛馥。翌晨，有二僧人来卢家为婴儿取名"惠能"。僧人曰"惠者，以佛法惠施一切众生，能者，能弘扬大乘佛法"。这个惠能，就是后来成为一代禅宗的六祖。"惠能"是国内外佛教史上空前绝后的唯一一个乳名、俗名、出家之后的释名都一致，终生不变的名字。

惠能3岁丧父，家境贫寒，青少年时靠打柴、卖柴为生，目不识丁，但有过耳不忘的本领。一天他卖柴路过金台寺，听僧人诵读《金刚经》，而闻经领悟，求道心切。

宿昔有缘，幸蒙一客取银十两资助而安家计，惠能于龙朔元年（公元661年）奔黄梅参礼五祖，"惟求作佛，不求余物"，八月苦修，得以真传。惠能"下下人有上上智"，以"菩提本无树，明镜亦非台；本来无一物，何处惹尘埃"一偈得以受衣钵、承法统，成为禅宗六祖。

国恩寺始建于唐代高宗弘道元年

惠能遵五祖嘱，南归韬光养晦15载，唐仪凤元年（公元676年）正月初八，他到法性寺（今广州光孝寺），殿上"风幡论"一说，其俗圆融，而剃发受戒，后在曹溪宝林寺（今韶关南华寺），宣讲禅宗法要36年。晚年，惠能思家心切，唐先天二年（公元713年）七月率门人回新州国恩寺主持报恩塔落成礼。是年八月初三，惠能于国恩寺端坐圆寂，享年76岁。

由六祖惠能开山创建的国恩寺位于新兴县六祖镇境内龙山山麓龙首之上，故又名"龙山寺"，始建于唐高宗弘道元年（公元683年），依山而筑，规模宏大。

自唐至今，国恩寺一直被佛教界视为岭南第一圣域，新兴龙山号称"佛地"，它与惠能祝发道场广州光孝寺、弘法布禅伽蓝韶关曲江南华禅寺，并称为禅宗三大祖庭。国恩寺因为既是六祖肉身菩萨的故居，又是六祖弘法、示寂以及辑录六祖"法宝坛经"的圣地而名扬海内外。

国恩寺内有六祖手植千年佛荔树，寺右侧有六祖父母坟，寺内还有五祖亲传的袈裟衣钵、武则天手书的敕赐"国恩寺"题匾等文物古迹。

说到六祖父母坟有一段古，相传在唐武德年间，有一风水大师寻龙追穴来到新州，因长途跋涉，衣衫不整，所到之处无人理睬，后来到龙山惠能母子居住的地方，惠能母子看见他实在是可怜，便热情地招待他。

大师看出惠能有慧根，于是便对惠能母子说明身份，并将所寻得的龙穴告诉惠能母子，让其安葬父亲。惠能母亲去世后，惠能又将其骨骸合葬于此穴内。后来惠能得道成为禅宗第六代祖师，受世人敬仰。

六祖惠能在国恩寺圆寂后，大弟子法海恐人争夺真身，将六祖藏于距国恩寺3公里的寺田坑（藏佛坑）中，但很快就被四处找寻六祖的门徒发现。

后来，光孝寺、南华寺、东山寺都派寺僧前来要求迎请六祖的真身，相争之下，以"香烟指处师所归焉"，时香烟直贯曹溪，遂迁六祖真身法龛往曹溪宝林寺(现南华禅寺)。

岭南古刹宫观

国恩寺内惠能亲植的「佛荔」树

藏佛坑

六祖剃度地广州光孝寺

光孝寺，位于广州越秀区光孝路，历史上就有"未有羊城先有光孝"之说。据《光孝寺志》记载，光孝寺初为公元前二世纪南越王赵建德之故宅，三国时代，吴国虞翻谪居于此，辟为苑囿，世称虞苑。虞翻死后，家人舍宅作寺。

光孝寺殿宇具有唐宋风格，建筑规模雄伟，为岭南丛林之冠。大殿后有一株千年诃子树，为三国虞翻种植，可谓千古遗珍。

光孝寺在佛教历史上占有重要的位置。禅宗初祖达摩当年自古印度东渡来穗，在广州荔湾区下九路"西来初地"结庵居住（即现在的华林寺），再到光孝寺住下讲学，传播佛教。

六祖惠能经过15年的隐居生活后，观因缘成熟于唐仪凤元年（公元676年）来到了广州光孝寺。

有一天夜晚，忽然吹来一阵大风，悬挂在大殿的佛幡被吹得左右摇动，僧人们议论纷纷。有的说："非幡动，而是风在动。"有的说："明明是幡动，这哪里是风动？"一时间双方各执一词。

惠能说："非风动，非幡动，而是仁者心动。如果仁者的心不动，风也不动，幡也不动了。"在座的人一听，无不感到震惊。当时住持印宗法师见惠能语出不凡，便邀请他入室详细询问。惠能这才将所珍藏的袈裟和圣钵出示，于是六祖惠能的身份显露。那天是正月初八。

正月十五元宵节，印宗法师在光孝寺大雄宝殿后面的一棵菩提树下，给惠能削发受戒，现比丘身，在场的有当时国内的十大高僧。

为了纪念六祖惠能出家剃度因缘，随后寺僧将惠能的头发埋地处，盖一塔，名叫"瘗发塔"。

后来，六祖惠能在韶州（今广东韶关市）

光孝寺殿宇建筑为岭南丛林之冠

千年菩提树和瘗发塔

曹溪南华禅寺开坛弘法36年，传播顿悟法门。他认为，万物皆是人内心的体现，主张用通俗简易的方法去修持，不立文字，教外别传，直指人心，见性成佛，其影响日广，成为佛教禅宗的正系。

六祖弘扬佛法时极力称赞般若法门，认为持诵《金刚经》功德无量无边。他死后，弟子们将其一生得法传宗的事迹和启导门徒的言教，编集成《六祖坛经》。

在六祖殿前，"瘗发塔"旁有一棵印度高僧智药三藏法师当年所栽种的菩提树，经过千余年，如今翠绿繁茂，生机勃勃，惠能当时就在该菩提树下削发受戒。

传说梁朝天监元年（公元502年），智药三藏法师从天竺国带来菩提树苗，在光孝寺栽种，并预言："往后一百七十年，将会有一位肉身菩萨于这棵树下，开演无上微妙法，传佛心印，广度无量众生。"

这位肉身菩萨就是后来的六祖惠能。

在闹市中，光孝寺是难得的清静地，寺中信众参禅念佛，给人以无牵无挂、潇洒脱俗的感觉，这是一个心灵小憩之地。

有一年开春，我与一群武术养生爱好者在广州二沙岛练武，以及举办叩拜天地和放生活动，中午到光孝寺祈福、念佛、食斋。这些活动体现的是效发天地自强不息，感恩天地，以及培植慈悲心。

《礼记》中说："德者，得也。"天地之大德在于对万物无私的奉献，效法天道之大德者，积德而纳福，这是天道酬诚。

祈福后，我在光孝寺法堂随众一起念佛号，头上顿感奇妙气场，身心舒畅，念完佛号出来，天空中迎来一缕祥云，瞬间即逝，是为吉祥之气。

岭南古刹宫观

光孝寺迎来一缕祥云

华林寺前身是"西来庵"，始建于梁武帝普通八年（公元527年），内有七级石舍利塔

叩拜天地、放生、食斋，体现的是感恩，培植慈悲心

云门宗道场乳源云门寺

云门寺（云门山大觉禅寺）位于韶关市乳源县城东北6公里处的云门山慈悲峰下，是禅宗"一花五叶"之一的云门宗开宗道场。

该寺由云门宗始祖六祖惠能九传弟子、五代时期的文偃禅师于公元923年所建，是全国重点寺庙之一，为"农禅并重"的禅宗道场。

寺内主要建筑有天王殿、大雄宝殿、法堂、藏经楼、伽蓝殿、延寿堂、祖师殿、禅堂、虚云和尚纪念堂等。

云门寺是修行清静地，前来修行的居士众多。在云门寺，我碰到一位朋友，他一家三口来云门寺住了一段时间，他说，在这里每天早上四时在禅堂参加早课、参禅，这些日子内心感觉异常平静，有一种脱胎换骨的感觉，他还说，长住的还帮禅院种菜劳作。

后来，经介绍我与佛学院负责人性国禅师结缘，我赠送所著《名山菩提行》一书给佛学院图书馆收藏。

性国禅师特别爱逗小孩，他说小孩天真无邪，天真是率性，和尚其实与普通人无异，只是多了一份信仰，内心归于静，归于天性，平常穿着僧服，这是对信仰的诺守，是内心的底线，在人群中给人的感觉是菩萨。

他还说，到这里出家的有大学生、大学教授，他们并不是受到什么挫折，主要是基于信仰。当然修佛也并不是要出家，主要看因缘，在家也可把佛法修好。

在我看来，佛是"觉者"，佛法是宇宙的本来智慧。佛教认为，修佛法，能够发现生命和宇宙的真相，最终超越生死，断尽一切烦恼，得到"解脱"。

宇宙的真相和生死是一个似乎永远都难以解开的谜，所以自古以来才有那么多人去修佛法，试图去解开这一谜团！

大觉禅寺位于云门山慈悲峰下

云门寺尼众住地小西天

云门寺"农禅并重"

岭南古刹宫观

佛冈观音山王山寺

广东佛冈县城西北8公里处有观音山,为广东八大名山之一。观音山终年云雾缭绕,山中有瀑布群、龙宫、龙床、伯公树、灵水湖、会仙台等景点。

观音山风景区山高林密,流水淙淙,主峰亚婆髻海拔1219米,为粤中部第一高峰,连绵的山峰组成世界最大的天然仰卧观音像,故名观音山。此天然仰卧观音像源于自然,自北宋开始就受到民间普罗大众顶礼拜祭。此山乃全国冠名观音山之最高峰,被称为观音山之王。

景区内有建于唐宋年间的古刹——王山寺。据了解,王山寺举办重大活动,有多次天空出现祥和的景象,有的信众还隐约看到观音瑞像的祥云出现,例如,2009年3月15日观音诞当天上午10时,王山寺大雄宝殿上空祥云四起,犹如九龙腾飞,佛光普照。

在佛教中,观音菩萨相貌端庄慈祥,经常手持净瓶杨柳,具有无量的智慧和神通,大慈大悲,普救人间疾苦。

不少信众到观音山王山寺进行短暂"闭关"修行,以重拾清静之心。其实众生皆有灵性,也就是古之圣人所说的"佛性",只是人们处世太过"执着",从而产生了诸多烦恼和妄想杂念,甚至迷失了"心性"。

从某个角度上,自性本来是清净圆满的,只是众生自迷自缚。佛家说,一切众生,皆有如来智慧德相,但因妄想、执着,而不能证得本有之如来智慧德相。

佛经上说,"息下狂心,即是菩提",这就是说外相烦恼放下了,就逐渐进入一个新境界,或者说是"佛"的境界,最终证得般若智慧。

千年古刹王山寺　　　　连绵的山峰组成仰卧观音像

贤令山北山古寺佛国世界

广东连州市东南面是阳山县，阳山县城郊东北1公里处，有贤令山。贤令山因韩愈是"贤令"而得名，贤令山麓建有韩愈纪念馆。

韩愈是唐代杰出的文学家、思想家，为"唐宋八大家"之首，他一生多次被贬，第一次被贬谪阳山当县令。虽然他在阳山当县令的时间不长，但影响深远。《新唐书》说他在阳山"有爱在民"：一是把中原文化带到阳山，促进了当地人的知识开化；二是把中原先进的农耕技术带到此地，改变了阳山以狩猎为主的生活方式，促进了当地经济发展。

贤令山麓有北山古寺，坐北向南，因山构筑，飞檐翘角，周围群山相抱，树木葱茏。北山古寺始建于明嘉靖年间，之后历代屡经增修。这里有"禹门叠浪""古洞韵泉"等景点，古寺前有两棵韩愈亲栽的"黄金桂树"。

北山古寺最有特色的是成千上万的佛像，这在国内少见，让人仿佛进入了"极乐世界"。释迦牟尼佛在《阿弥陀经》介绍极乐世界位于西方，距我们所在的娑婆世界有十万亿佛土之遥，其中一佛土涵盖三千大千世界。也就是说，西方极乐世界离我们这个世界超过十万亿个三千大千世界处，也就是处于约一亿个银河系之外的化生世界。

《阿弥陀经》曰："佛告长老舍利弗：从是西方，过十万亿佛土有世界名曰极乐，其土有佛，号阿弥陀，今现在说法。""彼土何故名为极乐？其国众生，无有众苦，但受诸乐，故名极乐。""极乐国土，七重栏循，七重罗网，七重行树，皆是四宝，周匝围绕，是故彼国名为极乐。""极乐国土，有七宝池，八功德水，充满其中，池底纯以金沙布地。四边阶道，金银、琉璃、玻璃合成。上有楼阁，亦以金银、琉璃、玻璃、砗磲、赤珠、玛瑙而严饰之。池中莲花大如车轮，青色青光、黄色黄光、赤色赤光、白色白光，微妙香洁。"

一佛为三千大千世界（北山古寺）

这其实是讲述了人类未探索到的遥远世界的状况，那里不同于我们所生存的这个世界，那里的众生，"无有众苦，但受诸乐"，所以是极乐世界，或许是"天人""神仙"所处的地方。

　　依我看，一佛一世界，一佛为三千大千世界，北山古寺成千上万的佛像代表的是亿万大千世界，代表的其大无外，其小无内，无数维次的时空世界。

　　北山古寺内有古典小说《西游记》中唐三藏师徒到西天取经的塑像。《西游记》讲的是孙悟空、猪八戒、沙悟净、小白龙保护唐三藏西天取经的传奇历险故事，唐三藏师徒历经九九八十一难，一路降妖伏魔，九九归一，终于到达西天见到如来佛祖，五圣成真，共享极乐。

　　唐三藏又叫唐僧，是出家人的代表，他诚实善良，一心向佛，是十世修行的好人。唐三藏一点元阳未泄，代表的是天地间的纯阳之气，好比初生之婴儿，是天地间纯真纯善纯美的化身。

　　孙悟空为"心猿"，白龙马为"意马"。"心猿"和"意马"都是天马行空，目中无人，任意而为，这是"心"的不平静，存在无穷无尽的欲望。猪八戒贪财、好色、自私自利，表现在行为上的"贪"婪。

　　沙悟净原本是天庭的卷帘大将，但没受天庭重用且因过错被贬下凡间为妖，他对天庭满怀抱怨，这是怨恨之"嗔"心。

　　后来，他们都被唐三藏收为徒弟去西天取经，"心猿"和"意马"被唐三藏"锁定"了。猪八戒被"八戒"了，也浪子回头，遵守佛门戒律了。沙悟净被"净心"了，任劳任怨，怨恨之心被化解了。

　　这西天和如来佛祖代表的是"大道"，宇宙之"真"，要取得"真经"，需要一路降伏"心魔"，并最终悟"空"，孙悟空的"天马行空"也真正实现了。

岭南古刹宫观

贤令山"贤门"

北山古寺金刚万佛宝塔

北山古寺前有两棵韩愈亲栽的"黄金桂树"

岭南形胜行 黄智华

岭南最古老孔庙德庆学宫

德庆学宫位于广东德庆县德城镇，为岭南现存最古老的孔庙，始建于宋祥符四年（公元1011年），重建于元大德元年（公元1297年）。

德庆学宫古建筑群是我国元代木构建筑的瑰宝，由大成殿、崇圣殿、尊经阁、乡贤祠、杏坛等建筑组成。主建筑大成殿以"四柱不顶"闻名于世，被誉为南国古建筑明珠。

孔子（公元前551年—公元前479年），名丘，字仲尼，鲁国人。他是春秋末期的思想家和教育家，儒家学派的创始人。

儒家思想是以"仁""义""礼""智""信"和"中庸"思想为核心。其中心思想为"仁"，意谓人与人之间应建立一种和谐关系，并把"仁"作为士君子最根本的道德规范来要求，如《论语》说："君子去仁，恶乎成名？君子无终食之间违仁，造次必于是，颠沛必于是。"

德庆学宫为岭南最古老孔庙

孟子除了进一步发展孔子以"仁"修身的思想外，又以推行"仁政"学说而著称于世。儒家政治理想是世界大同、大一统，这就是讲求天下和谐。

"正心、修身、齐家、治国、平天下"是传统儒家思想知识分子尊崇的信条，以自我修养、自我完善、心身和谐为基础，通过家庭和谐，直到使国家安定繁荣，以至天下平定、世界大同、和谐一统，这是中国几千年来无数知识分子的最高理想。

德庆学宫大成殿

有"岭南学宗"之称的德庆孔庙，以及罗浮山的古观、韶关南华禅寺等，为岭南文化思想的扎根或弘扬之地，成为岭南文化思想的"龙穴"。

礼乐仁义为儒学文化核心

梧州龙母庙和德庆龙母祖庙

岭南古刹宫观

西江是珠江水系的主干流，古代人们对其视为神灵，这种信仰体现为珠江流域的"龙母"文化。

龙母姓温，公元前290年生于古苍梧（今梧州），卒于公元前211年（秦始皇三十六年），自小能预知祸福，且乐善好助，人称神女。传说一天，温氏在西江边濯洗时偶拾到一只大卵，后孵出五只小动物，其长大后竟变成头角峥嵘、身皆鳞甲的五条真龙，经温氏细心养护，长大后放归江河，成为西江"龙神"。

小龙感温氏养育之恩，帮助温氏与水灾、旱灾作斗争，施云播雨，保境安民，珠江流域人民便将温氏尊为"龙母"、西江河神。

据考证，龙母是古代我国南方百越民族中的一位女首领，带领人民开山治水，有"利泽天下"的德行，深得百姓爱戴。

后人为纪念龙母，在西江流域建了许多龙母庙，祈求风调雨顺、国泰民安，其中最著名的龙母庙是龙母故里广西梧州的龙母庙以及广东德庆县悦城镇的龙母祖庙，均为祖庭，是海内外"龙的传人"寻根问祖的圣地。龙母庙同时有护守西江的意义。每逢农历五月初八龙母诞期，龙母庙都举行大规模的民间祭祀活动。

梧州龙母庙，始建于北宋初年，具有宋代建筑风格，建有中国最高的龙母圣像。

德庆县龙母祖庙，建于秦汉时期，前临西江，后靠五龙山，青、黄旗山列于两旁拱卫，形成环抱护珠之势，居灵胜之地，其与广州陈家祠、佛山祖庙合称为岭南建筑三瑰宝。

梧州龙母庙

德庆龙母祖庙

漱珠岗纯阳观藏"灵窍"

岭南形胜行 黄智华

广州市海珠区有漱珠岗，其前拥珠江，后枕白云，东联七星，西接五凤，就像海珠岛玉碟上的明珠，是"灵窍"之地。据考证，漱珠岗是2亿年前火山喷发出的熔岩堆积而成。汉代杨孚、宋代崔菊坡、清代岭南画派鼻祖居廉等名人都曾在这里设帐讲学。

清道光年间岭南高道李名彻见此岗"山环水曲，松石清奇"，于是在岗上建纯阳观以祀吕洞宾。

纯阳观是广州市最大的道教宫观，纯阳殿背后是朝斗台，它是现存广东最古老的天文台，为当年纯阳观开山祖师李明彻为观察气象和星辰变化所建。

纯阳观有镇岗宝石"漱石"，据说，建观时漱珠岗还是濒临珠江的，因而这块巨石可与当时"镇守"珠江的"海珠石"相媲美，同是当时的镇海宝石和广州古城南面的气脉结穴点。

镇海的"漱石"其实也就是我们的"心石"，人心中的欲望如果像海那样波涛汹涌，永不平静，就会令人迷失心性、本性，所以需要用"心石"来压住欲望之海，这"漱石"的"心石"就是老子所说的"道"性。

纯阳观类似神龟的怪石

镇岗宝石"漱石"

作者与纯阳观住持潘崇贤（中）、老子故里鹿邑太清宫住持黄世真（右）于观内"自然堂"

纯阳观有广东最古天文台

五仙古观现"仙人拇迹"

岭南古刹宫观

广州市越秀区惠福西路有座五仙古观,据说是周夷王时南海五仙人骑着口衔谷穗的五色羊降临之地。古观历史上屡建屡废,观址亦经历多次变迁。现古观建于明洪武十年(公元1377年),是一座祭祀五仙的谷神庙。

传说古时广州这地方海天茫茫,遍地荒芜,人们终日辛劳也得不到温饱。一天仙乐缭绕,有5位仙人身穿五彩衣,骑着口含6束谷穗的5只羊飞临楚庭(广州古名),把谷穗留给广州人,并祝人们五谷丰登,永无饥荒。然后仙人驾云腾空而去,羊化为石。从此,广州成了富饶的地方。后来,广州就有了"羊城"和"穗"的代称。

古观内后殿东侧有一块红砂岩原生石,上有形似大脚印的凹穴,古人认为是"仙人拇迹",明代曾以"穗石洞天"列入羊城八景。

古观内有"岭南第一楼",这是一座城楼式的古建筑物,其楼基用红砂石砌筑,楼高7米,建于明洪武七年(公元1374年),比越秀山镇海楼还早7年建造。此楼与镇海楼堪称明代建筑的"双璧"。

五仙古观是祭祀五仙的谷神庙

古观"仙人拇迹"

古观内"岭南第一楼"

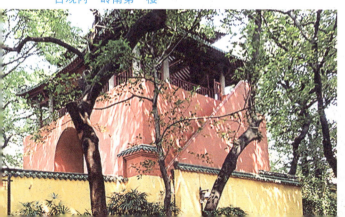

人们手拿谷穗祭祀五仙

两千年历史　悠悠广州城

白云山是羊城大靠山

"五岭北来峰在地，九州南尽水浮天。"广州拥有得天独厚的地理环境，北控五岭，近扼三江，城区倚山临海（古代珠江河面宽阔，称为海），山环水，水抱山，云山珠海水连天，山为屏障，水通四海。广州是形胜之地，攻防要势。

广州城区背靠白云山，珠江穿城而过，是"土龙"和"水龙"的交汇点。白云山是九连山脉支脉，九连山脉是横跨赣粤的大山脉，气脉厚重连绵而来，延至广州市区白云山、越秀山、越秀老城区结穴。

白云山，位于广州市白云区，为南粤名山之一，雨后天晴或暮春时节，山间白云缭绕，白云山之名由此得来。

白云山自古就有"羊城第一秀"之称，山体相当宽阔，由30多座山峰组成，属岭南丘陵地形，面积20.98平方公里，主峰摩星岭高382米，名曰"天南第一峰"，登高可俯览全城，遥望珠江。

白云山风景区从南至北共有7个游览区，依次是：麓湖景区、三台岭景区、鸣春谷景区、摩星岭景区、明珠楼景区、飞鹅岭景区及荷依岭景区。

鸣春谷景区内有蒲谷、能仁寺、毛利人运动文化村、天南第一峰、白云晚望、白云晓望、鸣春谷、滴水岩、翠微古道等景点。飞鹅岭景区的雕塑公园以雕塑为主体，浓缩了广州市2000多年的文化与辉煌。

白云山是广州城的靠山

能仁古寺为白云山著名一景

郑安期隐居白云山采药济世（郑仙祠景点雕像）

蒲谷相传是郑安期采菖蒲炼药的地方

九龙泉景区

能仁寺始建于1824年，地势三面环山，幽谷深藏，绿树成荫，自上而下有慈云殿、甘露泉、大雄宝殿、虎跑泉、六祖殿、玉虹池、石桥、牌坊等建筑或古迹，内一巨石，上刻有抗法英雄黑旗将军刘永福一笔写下的高2米宽1米的红色"虎"字。

白云仙馆坐落于麓湖景区，建于清嘉庆十七年，初为文人墨客雅集之地，后供奉吕洞宾。

白云山文化沉淀浓厚，所谓"山不在高，有仙则名"，秦末有方士郑安期隐居在白云山采药济世，并在白云山"成仙而去"。白云山南麓有一蒲涧，秀木繁荫，曲径幽深，也因郑安期在此采药为百姓治病而得名。

传说某年瘟疫流行，为了拯救民众，郑安期在山上采仙草九节菖蒲时失足坠崖，正在危急之时，崖下升起一朵白云，顷刻间变成一只仙鹤，把他托起腾空飞升，绕飞白云山一周后向东方飞去。

郑安期驾鹤而羽化升仙，出于对郑安期的感激和敬仰，人们在其飞升处建了"郑仙祠"，把他坠崖的地方称为郑仙岩，把那条小溪涧，称为蒲涧，又以飞升之日农历七月二十五日为"郑仙诞"。

每逢此日，万千民众自发登山拜祀郑仙，采菖蒲，沐灵泉，祈安康，盛况非凡。这个盛大民俗活动沿袭下来，使郑仙诞成为广州地区的传统民俗节日。

另外，晋代葛洪曾在白云山炼丹，南梁时景泰禅师来此建寺，这是白云山最早的寺庙。唐宋以后，陆续有杜审言、李群玉、苏轼、韩愈等文人登山吟诗。

两千年历史 悠悠广州城

白云仙馆坐落于麓湖景区

岭南形胜行

越秀山镇海楼 "雄镇海疆"

越秀山镇海楼

广州标志五羊石像(越秀山)

仙人授穗于民(越秀山)

越秀山，海拔70米，是白云山的余脉，属五岭大庾岭支脉九连山脉的末段，为古代的海上战略重地，由主峰越井岗及周围蟠龙岗、桂花岗、木壳岗、长腰岗、鲤鱼头岗等七个山岗和三个人工湖（东秀湖、南秀湖、北秀湖）组成，明朝永乐年间，山上曾建有观音阁，故又称观音山。

依我看，白云山、越秀山连起来的形状就像一只乌龟，又似蛟龙，南临珠江，呈现乌龟、蛟龙吸江河之水格局。越秀山是头部，为"龙穴"所在，越秀山前有流花湖，有"蛟龙"时刻吸水之象，而流花湖相传是晋代芝兰湖故址的一部分。

越秀山下建有道观三元宫。三元宫为越秀山脉最南尽处，为结"穴"之地。

古人认为，广州背山面海，地势开阳，风云之所蒸变，日月之所摩荡，往往有雄霸之气。

清代屈大均《广东新语》中记载："城北五里马鞍岗，秦时常有紫云黄气之异，占者以为天子气。始皇遣人衣绣衣，凿破是冈，其后卒有尉佗称制之事。故粤谣云：一片紫云南海起，秦皇频凿马鞍山。"

可见，广州的风水连不可一世的秦始皇都害怕起来，派人去破坏广州一带的风水地脉，以绝"天子气"。

马鞍岗位于白云山云台花园背后的山岗，也就是上面所说的白云山、越秀山这条龙的"龙颈"位置。

凿断"龙颈"，无疑就是砍掉"龙头"之精气。据说，白云山南麓景泰坑与横枝岗间的马鞍山凹地，便是秦兵当时断"龙脉"的痕迹。

"1841年三元里抗英"雕塑(越秀山)

越秀山古城墙,建于明洪武十三年

广州美术馆位于镇海楼东侧,建于1930年

三元宫为越秀山脉最南尽处

后来,明洪武十三年(公元1380年),永嘉侯朱亮祖扩建广州城时,把北城墙扩展到越秀山上,同时在山上北城墙上面修筑了一座五层楼(镇海楼),也是为压住岭南的"龙脉"和"王气",镇守住越秀山这"龙头",以防止岭南出皇帝夺取大明江山。

同时,镇海楼也具有海防的功能,其名有"雄镇海疆"之意,目前镇海楼前右侧还陈列着十几门古炮。

镇海楼是广州标志性建筑之一,初名"望海楼",后改名为"镇海楼",楼高28米,呈长方形,外墙逐层收减,分5层,饰有石湾彩釉鳌鱼花脊,朱红墙绿瓦砌成,巍峨壮观。

登上镇海楼最顶层,可一览广州老城区全景,直望珠江,故其被冠以"五岭以南第一楼"和誉为"岭南第一胜览"。

其楼高五层,也有特别含义,"五"在"五行"中属土,长方形也为土形,外观为红色,红色五行属火,寓意"火生土",以加强"土"五行的力量,而"土克水",这样,正如其名那样,镇海楼在古代风水意义上起到"镇海"的作用。

镇海楼与越秀山古城墙连成一片。建镇海楼并没有压住岭南的"旺气",相反,在一定意义上倒是稳住了广州的山水,以聚结生气。广州自古以来百业兴旺,人才辈出,更成为中国近代民主革命的策源地,可谓"摘斗摩霄,目空今古"。

在镇海楼西部的一个山岗上矗立着一座10余米高的五羊石像,以纪念古时五仙人骑着五色羊降临广州留与谷穗,后仙人驾云腾空而羊化为石的故事。

越秀山的镇海楼和五羊石像是广州的标志,其传奇而丰富的历史文化底蕴寓意着广州自古至今是宜居的福地。

两千年历史 悠悠广州城

岭南形胜行 黄智华

广州古城和传统中轴线

明清广州古城的范围，就是现在的越秀山与珠江之间，东至越秀路，西至人民路的这一片区域，东门入口处是东较场。

广州古城有"六脉皆通海，青山半入城"的山水格局，体现山环水抱、山水交融的传统建城文化理念。古城区北有白云山、越秀山，西为珠江支流，东为东濠涌，南临西江、北江、流溪河汇聚处，而且处于三江自西北向东的转弯位置，可以说呈现的是弯曲有情的山水"龙气"交聚点，是充满生气之地。

东濠涌本是广州的古老河道，发源于白云山的甘溪、文溪，是广州古城的护城河。明朝时，东濠涌曾是广州城东的交通要道，涌宽水深，可以通舟船，同时水质良好，是当时广州居民的主要供水渠之一。

广州传统的中轴线具有2000多年的悠久历史，是随着广州古城的发展而逐步形成的，以白云山、越秀山为"靠山"，北起越秀山镇海楼、中山纪念碑、三元宫、中山纪念堂、广东省政府、广州市人大常委会大楼、广州市政府大楼、人民公园，南向起义路、广州解放纪念碑、海珠广场、海珠桥等，这些建筑构成广州传统中轴线的景观标志。

九连山、白云山、越秀山而来的气脉由于"龙气"旺，所以其所延伸出来的"传统中轴带"，自古至今是官府所在地以

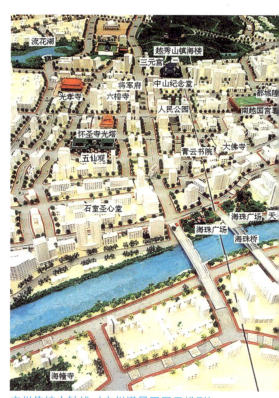

广州传统中轴线（广州塔景区展示模型）

广州古城（广州博物馆展示图片）

青云书院

及寺观宫院设立点，因为只有官府、寺庙宫观才镇得住这"龙气"，以及使"龙气"停留而催旺地方气场。传统中轴线附近的北京路商业街，从古到今旺了两千年，并掘出了自南汉以来共五朝11层的路面和宋代拱北楼基址，被称作"千年古道遗址"。

海珠广场和广州解放纪念像与珠江的交点组成的"珠海丹心"景观，成为了传统中轴线的聚气结"穴"点。

这条传统中轴线将九连山、白云山、越秀山的气脉形势延伸到珠江，实现山形水势灵气之交融，可以说是山体龙脉之气的延伸线，近代通过所建造的海珠桥进一步向珠江南岸延伸。

这条中轴线北有道观三元宫点"睛"，并有东西两列寺观宫院作为"佑护"，西列有光孝寺、六榕寺、怀圣寺、五仙古观等，再延伸至珠江南岸海珠区海幢寺而形成聚气结"穴"点，东列有都城隍庙、南越国宫署、大佛寺、青云书院等，在天字码头结"穴"，清朝时天字码头曾只供官员使用，故名。

广州城隍庙始建于明朝洪武三年(公元1370年)，为供奉城池守护神的坛庙，是明清时期广州城内的标志性建筑和灵韵所在，清雍正年间升格为都城隍庙，在明清时期是岭南地区最大的城隍庙。

广州大佛古寺，始建于南汉时期，至今已有千余年历史，是岭南有名的佛教名胜古刹。

上述中轴线包括东西两列寺观宫院是广州古城的脊柱，沉淀了广州乃至岭南地区的文化底蕴，为广州古城山水灵气的吐纳点，是传统的"龙脉"所在。

两千年历史 悠悠广州城

六榕寺建于公元420—479年，寺中宝塔巍峨

海幢寺以殿宇雄伟而闻名

岭南名刹大佛古寺

都城隍庙和南越国宫署遗址

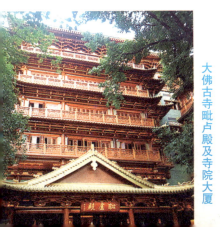

大佛古寺毗卢殿及寺院大厦

中山纪念堂建成于1931年

现代大都市的中轴线

时代在变化，历史在变迁。近现代广州城的范围不断扩大，广州的经济、文化脉搏逐渐向东、向南拓展，并逐步形成了与传统中轴线并行的体现现代大都市的中轴线。

广州新的现代大都市中轴线始自白云山南麓余脉燕岭山（原名瘦狗岭），并以其为"靠山"。瘦狗岭位于天河区，山形似一只头向西北，尾向东南趴着的瘦狗。古人认为，瘦狗岭是广州较为重要的风水宝地。

古代传说瘦狗岭有"龙气"，不打会成"精"。明朝弘治年间，一场地震让瘦狗岭出现一个地坑，传说有五色祥云自地坑中不断腾起，是谓"龙气"。弘治皇帝便下诏广州提督每年在霜降日用大炮轰击瘦狗岭，以打散"龙气"。从明代后叶至清代中叶，两百多年间，官府每年均"炮打瘦狗岭"。

广州现代大都市中轴线北起白云山、瘦狗岭，"龙脉"向南延伸，经火车东站、中信广场、广州购书中心、天河体育中心、珠江新城、花城广场、商务地标西塔和东塔、广州歌剧院、广东省博物馆、海心沙岛，南至广州塔、赤岗塔并在此形成聚气结"穴"

从白云山上眺望瘦狗岭，其为现代都市建筑的靠山

大都市中轴线北起白云山、瘦狗岭向南延伸至广州塔

大都市中轴线上的广东省博物馆

海心沙岛如同巨轮，建有亚运会开、闭幕式场馆

广州"绿心"海珠湖

从广州塔上北望大都市中轴线（花城广场至瘦狗岭）

广州现代大都市中轴线在广州塔、赤岗塔结"穴"

点，这条中轴线向南继续延伸至海珠湖、海珠湿地公园。

这条新的南北向的中轴线，体现的是广州现代大都市的特征，其以自然景观、人文景观、商务经济为主导，集龙脉山水之气，以及人文教育、商业财富脉搏之气，是一条东拓、南拓的"龙脉"延伸带，集聚了体现广州最现代的、大都市化的标志性建筑，是广州"才气"和"财气"集中、生机勃发的地带。

现代大都市中轴线及其标志建筑广州塔，逐渐取代了传统中轴线及其标志建筑越秀山镇海楼，成为广州现代化大都市迈向新里程，进一步增强国家中心城市地位的重要标志。

广州中心城区北靠白云山，南临珠江，呈现出山峦环绕，江河围抱的风水好格局，形成人才辈出，经济商业蓬勃发展的好气场。

两千年历史　悠悠广州城

岭南形胜行 黄智华

"藏风聚气"的民间中轴带

上面所说的广州传统和现代大都市中轴线之间也有一条"中轴带",可以说是"核心"中轴带,就是由白云山向南延伸出的"余脉"横枝岗、太和岗、黄花岗,进一步延伸到原东山区,到珠江北岸东山湖公园、二沙岛,过珠江到珠江南岸的大元帅府、中山大学,止于漱珠岗纯阳观而结穴。这条核心中轴带上,自然形成了一系列景观。

这条中轴带以白云山为靠山,西有越秀山,东有动物公园坡地,左右屏障护卫,南临珠江,自古以来是"宜居"之地,淘金、东山等地就在这条"轴带"

横枝岗在白云山麓湖公园旁

二沙岛树木苍翠,绿草茵茵,人与自然和谐交融

二沙岛是市民健身运动的好去处

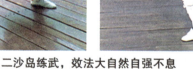

二沙岛练武,效法大自然自强不息

孙中山大元帅府

上，尤其近代在这里居住的是非富则贵。

横枝岗在白云山麓湖公园旁边，恒福路北面，是从西汉至清代，广州地区历代达官贵人的首选棺地。从2000年6月到2006年5月，广州市文物考古研究所在这里共发掘清理两汉以来古墓葬49座。

从更广的区域看，广州的中心城区中，北靠白云山，东有现代大都市中轴线，西有传统中轴线，这传统中轴线和现代大都市中轴线之间的区域无疑是一个藏风聚气的"宜居"风水宝地，是功名催旺之地，特别是原东山区更是近代"权贵"聚居之所。

如果传统中轴线是广州古城官方的中轴脉搏线，新的现代大都市中轴线是广州现代化迈向新里程标志的中轴脉搏带，那么这条"核心中轴带"，可以说是广州城民间的中轴脉搏带。

这三条中轴线带都以白云山为靠山，均由白云山余脉延伸出来，是山脉"龙气"的延伸。

在这条民间"核心中轴带"上，屹立于珠江边的二沙岛，是具有广州现代风情的宝地，是体育运动的公园。珠江南岸的大元帅府，因孙中山两次在这里建立革命政权而得名。1917年7月，孙中山来到广州，建立中华民国军政府，任海陆军大元帅，开展护法运动的时候，征用这里作为大元帅府；1923年2月，孙中山重返广州进行革命活动，同样也在这里建立陆海军大元帅大本营。

中轴带上的中山大学由孙中山先生创办，有着一百多年办学传统，为国内一流、国际知名的现代综合性大学，是中国南方科学研究、文化学术与人才培养的重镇。

中山大学坐落在珠江南岸

中山大学环境优美，建筑古典

漱珠岗纯阳观是民间中轴带气脉结穴地

"九龙"归洞 "火凤凰"呈祥瑞

广州老城区东北面有四个郊外公园山地构成屏障,分别是天鹿湖森林公园、火炉山森林公园、龙眼洞森林公园、凤凰山。

天鹿湖森林公园素有"广州东肺"之称,拥有广州市区唯一的一片大规模禾雀花原生态景观。传说天上的仙鹿曾到此地饮水,因迷恋湖光山色而不愿离去,遂化为麓树长守于此,故曰"天麓神榄",天鹿湖亦因此得名,牛头山为公园最高点,海拔362米。

天鹿湖水口水库的形状真有点像美丽的鹿角。天鹿是传说中的灵兽名,一名天禄,为祥瑞之物,亦为传说中神仙之坐骑。《宋书·符瑞志下》:"天鹿者,纯灵之兽也。无色光耀洞明,王者德备则至。"

火炉山森林公园位于天河区东北部,主峰白架顶,海拔322米。火炉山原名葫芦山,因从天空俯视其形状似葫芦,而山上泥土多为红泥土,空中看上去为火红色,所以称为火葫芦,故又名火炉山。

火炉山旁边为中国历史最久、种类最多、面积最大的南亚热带植物园——华南植物园,园内有距今4000年的飞鹅岭新石器时期遗址,其被称为广州第一村,这是广州人的发祥地之一,遗址内有"寻根洞"。

龙眼洞森林公园位于天河区东北部,西北靠南湖,东北靠天鹿湖森林公园,南

火炉山凤凰台

华南植物园

飞鹅岭新石器时期遗址

近华南植物园。其山形就像由北向南奔腾的青龙,现银兴北路一带为龙头所在。

公园内有三座水库,分别为卧龙湖、藏龙湖、迎龙湖。

青龙是古代神话传说中的灵兽,是中国古代最令妖邪胆颤且法力无边四大神兽(青龙、白虎、朱雀、玄武)之一。在民间传说中,青龙身似长蛇、麒麟首、鲤鱼尾,面有长须,犄角似鹿,有五爪,相貌威武。

龙眼洞又称为龙洞,宋代建村,当地原有9个小村庄,取"九龙归洞"之意,简称龙洞。当地"九龙归洞"之说颇有意蕴。九连山脉犹如九龙连体,龙眼洞一带为九连山脉一路延伸而来的余脉,或许是九连山"九龙"的龙气潜伏归洞之地,或许景区某奇异之石或山岗是"龙眼"的化身,火炉山中的"猪头石"、华南植物园内的"寻根洞",或许是"龙眼"之一。

龙洞附近有凤凰山,山顶上有一大草窝,传闻为凤凰栖息之处,故名。凤凰山前倚龙洞,背靠火炉山,建有凤凰山森林公园,公园属丘陵地貌,最高峰太和嶂海拔390.8米,公园中部为筲箕窝水库。

按我想象,凤凰山靠近火炉山,这凤凰山上传闻的"凤凰"应为火凤凰,而火炉山上有"凤凰台",或许是火凤凰经常来"火浴",以及"涅槃重生"之处。

远古神话传说,所有生灵都是神的后代,天地诞生之时,天帝诞下九子,共产出九只神兽——朱雀、丹鹤、凤凰、丹鹜、青龙、白虎、蝰蛇、须鳕、猞猁,它们分管着天地的九州。

火凤凰是世界上最美的鸟,为凤凰中独特的一类。当它自觉处在美丽的颠峰,无法再向前飞的时候,就自己进行火焚,然后在灰烬中重生。这就是所谓"凤凰涅槃,浴火重生"。

火凤凰象征重生、新生,有着生生不息的象征意义。

九连山脉延伸而来的"天鹿"湖山、"九龙"洞、火炉山,首尾相接,就像手拉着手般把凤凰山围在中间,"天鹿""青龙""火凤凰"出现在广州城区的东北面,欢欣而起舞,呈现出的是祥瑞之气。

广州是一座吉祥、欢乐、幸福的城市!

"龙洞"取"九龙归洞"之意

凤凰山森林公园中部筲箕窝水库(景区图片)

火"凤凰"与"龙"相见欢(广州上空)

岭南形胜行 黄智华

广州城区地形如张口"龙头"

位于赣粤边界的九连山脉来龙向西南方延伸，在广州城区形成大聚结。这个大聚结的"龙穴"是一片有所相连的山地，在我看来，形似张口"龙头"。

莲塘白玉兰森林公园、帽峰山森林公园、天鹿湖森林公园等连成的一片为头部，龙眼洞森林公园和白云山麓的南湖为一双"龙眼"，白云山、越秀山等这一列西南延伸的山脉为"龙口"上颌，广州动物公园坡地和燕岭公园（原名瘦狗岭）为上颌"牙齿"，白云山下的麓湖和越秀山旁的流花湖为一双"龙鼻"。

黄埔区的萝岗风景区、萝岗香雪公园、广州义务植树公园、暹岗大山、将军山、荔枝山、大田山、龙头山森林公园、丹水坑风景区等，这一片向南所延伸的山地为"龙口"下颌。婆鸡山、石岗、望奶山、钟岭、横岗、广东奥林匹克中心等由东至西一列山地为下颌"牙齿"。

海珠区（岛）、洛溪岛、生物岛、小谷围岛（大学城）、长洲岛等珠江河系环绕的岛屿，形同"龙口"和"舌头"正吸纳珠江水气。

天河区东北部的凤凰山、广东树木公园、银排岭公园、华南植物园、火炉山森林公园等基本连成一体，为"龙口"中的"龙珠"或"喉结"，是大广州城区的"龙穴"聚气点所在。其北有天鹿湖森林公园、帽峰山森林公园等作为大靠山，西有"龙口"上颌，东有"龙口"下颌，作为西面和东面两列护卫，南临珠江。

上述"头部""龙眼""龙鼻""上颌""下颌""喉结""牙齿""龙口""舌头"构成了张口的大"龙头"，这些均是龙气（阳气）较旺的部位，而连绵的九连山脉为"龙身"。

那一双"龙鼻"对着珠江三段河道西江、北江、流溪河交汇处的白鹅潭，时刻呼吸着三江"精气"，而张开着的大口则吞吐着围绕在海珠岛的珠江河网，这些河网犹如聚水潭，而

广州城区大结穴山地形似"龙头"(地形图出自广东省地图出版社 2014 年 1 月第 2 版《珠江三角洲地图集》，图中所插入的标记和线条为作者所加)

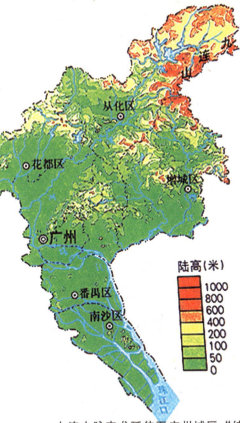

九连山脉来龙延伸至广州城区"结穴"（广州地形地势图，出自星球地图出版社2011年6月第1版《广州地理》）

帽峰山森林公园

帽峰古庙

"聚水潭"经狮子洋、珠江口连接上南海，"聚水潭"是内陆江河与南海的交汇处。

显然，张开着的龙口正吸纳来自内陆江河与南海交汇所沉淀积聚的"精气"，并且江海"精气"与千里来龙的九连山气脉在广州城区相交融，山水海来龙气脉的交融带来了持久而蓬勃的生机，使广州城呈现为聚气的福地，难怪两千年来广州一直是华南地区的政治、经济和文化中心。

帽峰山森林公园坐落在白云区太和镇、良田镇交界处，属九连山脉的延伸部分，主峰莲花峰海拔534.9米，是广州市区最高峰。帽峰山周围聚集着海拔200米以上的山峰20多座，因朝暮雨后，山峰隐现于云雾之间，宛若戴上一顶雪白的大帽子，故名帽峰山。

山上有帽峰古庙，其始建于五代时期（公元900年前后），为禺北名刹，历史悠久，香火旺盛。许多人上山来只为了祈个福烧个香，据说还是挺灵验的。古庙传说是当时有风水大师从九连山寻龙脉到这里，认为山峦回环有情，是风水宝地，于是山下氏族大户在此建立了古庙，侍奉"帽峰山神"。

公园内有铜锣湾水库、和龙水库、沙田水库三处水库。和龙水库形似一条转身张爪的龙。山北麓有九龙涧，因山林间有九支充满灵气的泉水蜿蜒而流，而汇聚成湖，故名。位于白云区太和镇的聚龙山森林公园，是帽峰山脉的延续，拥有梅隆水库和聚龙十二湾。

龙头山南面有南海神庙，为上面所说的"龙口"下颌系列山地气脉结穴地，也可看作下颌的"龙痣"。

两千年历史 悠悠广州城

岭南形胜行 黄智华

东西两列气脉作屏障

上面所说，广州城区北有莲塘白玉兰森林公园、帽峰山森林公园、天鹿湖森林公园、龙眼洞森林公园、凤凰山等一片山地为靠山，并有东西两列左右护卫屏障。

这东西两列屏障是九连山脉来龙至广州城区所分出的东西两道气脉带，具体来看，西列为珠江支流以及白云山、越秀山、流花湖公园、陈家祠、仁威庙、华林寺、荔湾湖公园等自北向南延伸的一列，并过珠江，经醉观公园，终在芳村黄大仙祠结气穴。

广州市 CITY 城市地图（中国地图出版社 2016 年 1 月新版），图中所插入标记为作者添加

东列为黄埔区的萝岗风景区、萝岗香雪公园、广州义务植树公园、将军山、暹岗大山、玉树公园、牛角岭湿地公园、牛山、荔枝山、大田山、龙头山森林公园、丹水坑风景区等，向南所延伸的一列山地，此为上面所说的"龙口"下颌，这"下颌"伸出"龙须"，向南接番禺区莲花山、狮子洋，最终在南沙区黄山鲁森林公园、南沙天后宫、龙穴岛与南海"海龙"交汇结"穴"，构成东列屏障，该列将九连山气脉延伸至大海。

同时，西列通过珠江向东与东列交汇于南海神庙，然后共同将九连山气脉延伸至龙穴岛与大海交融。

龙头山顶有形似雏龙回头的巨石

黄埔区萝岗风景区丛山叠岭，绵亘数十里，每年岁末梅花盛开时节，满山遍野繁花如雪，弥补了广州冬无雪景的遗憾。风景区内的萝岗香雪公园最高峰为萝峰，山麓有玉岩书院、萝峰寺。

黄埔区龙头山森林公园有 10 多座山峰，主峰

萝岗香雪公园梅花盛开如雪

两千年历史 悠悠广州城

陈家祠集岭南历代建筑艺术之大成

仁威庙始建于宋仁宗皇祐四年

荔湾湖公园历史上曾大量种植荔枝

芳村黄大仙祠

莲花山为珠江水口
进出广州城区之"捍门"

龙头山海拔195.2米，因山间有一股清溪蜿蜒而流，如飞龙起舞，故名龙头山。龙头山是古代造山运动形成的蛋石地貌，是广州台地的一部分。

莲花山是珠江口狮子洋畔山脉，是狮子洋西岸的制高点，是东列气脉停聚点，为珠江水口进出广州城区之"捍门"，其由48座红色砂岩低山组成，属丹霞地貌的地理构造，最高峰海拔108米。莲花山的红砂岩石质优，密度高，砂质细，古人用它来作为磨刀石，所以莲花山又叫"石砺冈"。它拥有国内罕见的、具有2000多年历史和保存得最完好的古采石场遗址。

在我看来，广州地形可谓藏风聚气，山环水抱，是块福地，九连山系自东北方连绵而来，到广州城分出几列支脉，其中有上述东西两列左右护卫广州城区。

东西两列并北面大靠山对广州城形成山环的避风港，如同可抵挡风雨的房子，尽管南面闯开，但也有岛屿山地挡护。

从大范围看，东南有沿海山系和香港岛、深圳山地，西南有中山、珠海的五桂山脉等分列在珠江口两旁，护守着广州的南大门，并且南面有万山群岛和香港大屿山岛作为"门口"的屏障。这些山脉岛屿围成一个大房子，珠江三角洲如同在大房子内，而广州城区则在"大房子"内的内堂，加上高楼林立，建筑物多，自然相对"安全"，能相对抵挡住在珠江口沿海登陆的强台风，千年以来广州没有出现过大的自然灾害。

龙头山、丹水坑和南海神庙，特别是广州塔是广州东南方"抵抗"台风的守护神。

广州的确是藏风聚气之所，龙脉结穴所在。

岭南形胜行 黄智华

国际化大都市脉搏带

上面所说，天河区华南植物园、火炉山森林公园一带是大广州城区的"龙穴"聚气点所在，其位于东西两列屏障的中间位置，以此作为靠山，其南面的科韵路和科韵路西侧的华南农业大学、华南理工大学、华南师范大学、暨南大学，并排形成轴带往南延伸，过天河区番薯岭、丫髻岭、天河公园，经琶洲大桥过珠江南岸，穿越国际会展中心、琶洲塔山地、黄埔古港古村、大围公园、广东财经大学、瀛洲生态公园、生物岛、小谷围岛（大学城）、广州新城亚运体育综合馆，并接上南沙港快速路，一直延伸至南沙区，与广州城区东列屏障交汇于黄山鲁森林公园、南沙天后宫、龙穴岛，并与大海交融。

火炉山为大广州国际化都市脉搏带靠山

这一线路构成了大广州城区的中轴脉搏带，这是广州作为和迈向国际化大都市的脉搏带，同时也是广州乃至华南地区著名高校的文脉轴线。

面对浩瀚南海的南沙天后宫，集北京故宫风格和南京中山陵气势于一体，被誉为天下天后（妈祖）第一宫，是连绵九连山气脉经广州延伸至大海形成山海交融的结穴点。

广州传统中轴线以白云山、越秀山为靠山，而越秀山离珠江不远，在古代江河是交通要道，所以不少城市都是沿江湖河道发育壮大起来的，广州古城也建立在越秀山至珠江这一片范围。

"新兴经济体合作与发展"国际学术会议在白云国际会议中心举办

广州老城区以传统中轴线为基础而形成，其东南沙面岛和珠江河面"白鹅潭"，为珠江三段河道（西江、北江、流溪河）的交汇

"中国社会科学院智库论坛"在白云国际会议中心举办

处，以及这三段河道由北转向东流的转弯处，为"来水"方，南面是海珠岛（海珠区），珠江环绕二沙岛、海珠岛、洛溪岛、生物岛、小谷围岛（大学城）、长洲岛，自西向东弯曲而行。

《水龙经》有云："水见三弯，福寿安闲。屈曲来朝，荣华富饶。"这是说河水、山脉之弯曲乃龙气之聚会，使气的流速减慢，从而能形成收气和聚气的效应，带来好的运气、财气。

广州传统中轴线具有两千多年的悠久历史，是随着广州古城的发展而逐步形成的，它是历史最深厚的积淀，广州古城靠山面江，其城建特征是古代内陆文明时代的体现。

在传统中轴线带北面，白云山下有广州白云国际会议中心，这是华南地区规模最大、设施最先进、配套最完善的综合性国际会议中心，曾为亚洲各国政要主理过"亚运第一宴"，举办了众多的国际和国内中大型学术、政务、商务会议。

以白云山南麓余脉瘦狗岭为靠山的广州现代大都市中轴线，通过地铁向北连结白云机场，向南连结番禺区（市桥），体现出广州城东拓和南拓大发展的国家中心城市的格局和脉搏，其以广州塔为标志。

白云山下举办"老子治国思想与当代世界"论坛

大广州城区的国际大都市中轴脉搏带以火炉山为靠山，科韵路、南沙快速路为核心中轴带，延伸至南沙区出海，其以国际会展中心、大学城为标志，这凸显出国际大都市的进程。

广州国际会展中心（广交会展馆）是亚洲最大的现代化展览中心，1949年以后，中国创办了中国出口商品交易会（广交会），广交会是我国规模最大、档次最高、成交量最大的出口商品交易会，被称为"中国第一展"。广州也因为广交会而成为重要贸易中心。

广州国际会展中心位于珠江南岸（右），就像一艘出海的巨轮（广州塔上拍）

位于广州城区珠江进出口的南海神庙，以及位于珠江口的南沙天后宫，其建立是海洋文明时代的体现。

另外，与古代城市不同的是，现代城市具有发达的路网、高铁、轻轨、航空等交通枢纽，这些交通枢纽犹如大大小小的龙，带来了前所未有的气脉流动，所谓路通财通，现代经济社会的发展比古代更为快速而蓬勃。

广州传统中轴线、现代大都市中轴线和国际化大都市脉搏带，是广州城两千多年来作为华南地区的政治、军事、经济、文化和科教中心的体现，以及迈向国际大都市的新里程碑。

坐落于南沙区大角山东南麓的天后宫

两千年历史 悠悠广州城

岭南形胜行 黄智华

珠江诸岛构成"茶壶"形宝地

广州城区珠江南面的二沙岛、海珠区（岛）、洛溪岛、生物岛、小谷围岛（大学城）、长洲岛，有珠江河道弯曲环绕，这一片成为广州城的聚气大明堂。

以我观之，由上面所说的几个岛组成的聚气大明堂就像一个大茶壶，环绕这大明堂的自西向东而流的珠江三条弯曲河道，收聚到与长洲岛、黄埔港对望的江心岛大吉沙岛处江面，后于与南海神庙对望的江心岛大蚝沙岛处形成大转弯共同"倒出"流向南面，汇成为狮子洋，最后出珠江口。

在大明堂的三条弯曲河道汇聚而大转弯处，有南海神庙坐镇。南海神庙在此设立意义非凡，其是内陆江河与大海交接的"穴位"，广州城最重要的"灵韵"所在。

南海神庙坐落在黄埔区庙头村，是中国古代东南西北四大海神庙中唯一留存下来的建筑遗物，是中国古代对外海上交通贸易的重要遗址，也是西汉以来海上丝绸之路发源于广州的重要见证，其建于隋开皇十四年（公元594年），海祭延续千年。

据南海神庙大殿资料称，从龙头山经南海神庙越珠江至番禺化龙冈尾称之为南海神庙的龙脉，而龙穴位在神庙大殿南海神像底部中央，传说昔日龙穴位的泥土终年湿润，信众取少许回家喂禽畜，即可六畜兴旺。

南海神庙的"靠山"为黄埔区龙头山森林公园和丹水坑风景区，两者连为一体，其形如龙状，为大龙脉九连山到广州东南的末段，这"龙"状以龙头山为龙头，丹水坑为龙尾，南海神庙为灵韵所在，共同镇守老城区珠江河道出入口。

南海神庙大殿资料所称的南海神像底部中央为龙穴位，昔日泥土终年湿润，这是天地精气交感而生机勃发的现象，可以说龙头山、丹水坑和南海神庙是九连山脉气脉延伸至广州城区东南方的结穴所在，而南海神像底部中央的龙穴位为龙穴中的"龙穴"。

丹水坑风景区环境清

珠江干流广州市区段呈现"大茶壶"形状（珠江干流图为广州市水利局碑刻，图中标记为作者所加）

两千年历史 悠悠广州城

南海神庙是"龙穴"所在

丹水坑风景区"丹水仙源"

幽，大树参天，奇石遍布，景区内有十八福地、佛迹洞、佛鼓鸣石、丹水仙源、丹水龙泉、杨四将军庙等景点。佛迹洞创建于1840年，由海光禅师率徒凿岩而成，洞中之卧佛，乃广州地区最大之石雕佛。

龙头山和丹水坑风景区山上遍布斑纹状的花岗岩石块，民间传说这些石头是八仙之一的张果老赶羊到南方时，仙羊拉屎洒落变成的。

广州城区南面的这几个岛组成的"大茶壶"是真正的风水形胜点，珠江河系的西江、北江、流溪河自北而来，在广州城区西面的"白鹅潭"江面形成大转弯转向东流，为"来水"方，所以"白鹅潭"北岸古时为商贸活动兴旺地，如历史上的"十三行"所在。

而这三江弯曲流入城区南面的"大茶壶"区域（二沙岛、海珠岛、洛溪岛、生物岛、小谷围岛、长洲岛），形成"茶壶"聚气效应，再在南海神庙对望的江心岛大蚝沙岛处汇聚共同"倒出"，为出水口，"茶壶"聚水腹部大，而出水口窄，并有江心岛大吉沙岛和大蚝沙岛挡拦，"茶壶"形成了大聚气的好气场。

广州自古以来之所以兴旺，特别是商贸活动发达，依我看来主要是有城区南面"大茶壶"聚气的效应。

长洲岛四面环水，历史上为广州战略要地，筑有炮台多处，与隔江相对的黄埔区鱼珠炮台、番禺区化龙镇沙亭村沙路炮台，形成三足鼎立之势，共同把守控制进出广州老城区的江面，构成了广州海防的最后一道防线。

长洲岛上有黄埔军校旧址，黄埔军校是大革命时期孙中山在中国共产党和苏联的帮助下建立的一所新型军事学校。孙中山以"创造革命军，来挽救中国的危亡"为办校宗旨，以"亲爱精诚"为校训，学习苏联的建军经验，培养革命军事人才。军校群英荟萃，名将辈出，在中国近代史和军事史上具有重要意义。

"白鹅潭"北岸，18世纪至19世纪初广州"十三行"商（夷）馆玻璃画（藏广州博物馆）

黄埔军校旧址旁矗立着"孙总理纪念碑"

长洲岛黄埔军校旧址

珠江古三塔与新三"塔"

广州有古三塔，即赤岗塔、琶洲塔、莲花塔。

琶洲塔位于海珠区琶洲珠江边，传说当年珠江中常有金鳌浮出，所以原称海鳌塔。该塔建于明万历二十八年（公元1600年），塔为八角形楼阁式砖塔，外观9层内分17层，高50余米。

莲花塔也是明代砖塔，坐落在番禺区莲花山上，建于明万历四十年（公元1612年），原名"文昌塔"，塔顶供奉万世师表孔子像。莲花塔附近有一座宝相庄严的望海观音像，像高40.88米，用120吨青铜铸成，外贴纯金180两，是目前世界上最高的箔金观音铜立像。宝像面向东南，遥望浩瀚的狮子洋，成为珠江口的"守护神"。

珠江新三"塔"
屹立在二沙岛旁

赤岗塔位于海珠区广州大桥东南面，地处赤岗，故名。该塔与佛教舍利塔造形相似，为八角形楼阁式青砖塔，塔高50多米，外观为9层，塔内为17层，建于明万历四十七年（公元1619年），是继琶洲塔、莲花塔之后修建的广州第三座"风水宝塔"。

赤岗塔、琶洲塔、莲花塔这三塔是广州出海口著名的"珠江水口三塔"，广州市东面地势比较低，三塔构成"锁江""束海口"之格局，使广州乃至全粤能固"扶舆之气"。

清屈大均《广东新语》云："形家者以为中原气力到岭南而薄，岭南地最卑下，乃山水大尽之处。其东水口空虚，灵气不属，法宜以人力补之。补之莫如塔，于是以赤岗为巽方（即东南）而塔其上。觚棱峻起，凡九级，特立江干，以为人文之英锷。"

古人评论曰："赤岗、海鳌（即琶洲塔）两塔屹然与白云山并秀，为越东门户，引海印、海珠为三关，而全粤扶舆之气乃完且固。盖吾粤诸郡以会城为魁星，会城壮则全粤皆壮，乃今二塔在东，二浮石在西，西以锁西、北二江之上游，东以锁西、北二江之下流，而虎门之内又有浮莲塔（即莲花塔）以束海口，使山水回顾有情，势力愈重。"

不过，随着广州珠江两岸高楼矗立，目前这些风

赤岗塔

琶洲塔

坐落在莲花山上的莲花塔

莲花山上望海观音像

沙面岛南濒白鹅潭，1861年后曾沦为英、法租界，岛上遍布欧陆风情建筑

水塔的风水意义已不大，其更多体现的只是历史文化价值。

"水口"乃"一方众水所总出处"也。风水古籍有云："凡水来处谓之天门，若水来不见其源流谓之天门开；水去处谓之地户，不见水去谓之地户闭。""夫水本主财，门开则财来，户闭则财用不竭。"意即要留住财气，宜关闭约束其去口，可通过转折对峙等地形或利用一定的建筑对水口形成锁钥之势。

例如，广州珠江上的沙面岛、二沙岛，以及珠江两岸众多的桥梁，并"珠江水口三塔"，对珠江来水有一定"关锁"和约束作用，在一定程度上使珠江水"势"放缓和使来水的气场相对停留，以聚"财气""人气"。

2010年投入使用的珠江南岸的广州塔在一定角度上成为了新的"风水塔"，与赤岗塔处于同一条南北向的直线上，高达610米，其中，塔身主体高450米，天线桅杆160米，被称为"世界第一高塔"。

古人认为，欲出人才，要有高物接通上天之气脉。广州塔是广州最高的建筑，它就像文昌塔，天线伸向上空，似乎要引入宇宙的元气，成为连接天与地的纽带，进一步促使广州人才辈出，加强广州的运势。

广州塔不仅"锁"住珠江之水"势"，积聚更大的"气势"，而且对广州乃至南粤起"定海神针"的作用，其所引发的如经济、科技、观光、文化、教育等各方面的效应，有助于巩固广州在华南地区中心城市的地位。

广州塔就像一棵参天大树、顶天立地的天柱，表现出一种积极进取向上、自强不息、效法天道运行不已的刚健德性。

"身高"超过400米的华南超高层的地标性建筑广州珠江新城的西塔和东塔，与广州塔隔江相望，同样起到"定海神针"的作用，均处于广州新的现代大都市中轴线之上。构成三足鼎立的珠江新三塔，成为广州迈向更美好未来的里程碑。

岭南第一泉从化休闲地

岭南形胜行 黄智华

广州的后花园从化区是休闲度假的好去处，这里群山绵延，是广州老城区的大靠山。从化温泉从流溪河底涌出，是世界上仅有两处的珍稀的含氡苏打温泉之一，与欧洲的瑞士温泉举世闻名，其以水质好、水温高被称为"岭南第一泉"。

从化景点众多，良口锦村附近有千泷沟大瀑布，这号称亚洲最宽的瀑布的确壮观，从山顶喷薄而下，疑是银河落九天。千泷沟大瀑布附近的溪头村石巷，保留着几百年来的建筑，还有古堡，吸引了不少游人前来游览。

从化太平镇有一座北回归线标志塔，它是世界上南北回归线上高度最高、规模最大的一座标志塔。

从化石门国家森林公园里有华南地区仅存的原始次生林1.6万亩，被称为北回归线的一片绿洲。公园峰峦叠翠，古木参天，幽谷百态，绿水青山相映生辉，特别是石门香雪景区的相思古榕根枝粗壮，其根部延绵开来就像一条龙。广州市最高峰"天堂顶"位于园内西北角，海拔1280米。

在去五指山景区的山路上，我结缘了在从化流溪河国家森林公园工作的平哥，我应平哥之邀去该公园游玩，我独自在公园内骑上自行车沿着水库绿道行驶，享受那一份自然而然，享受那难得的蓝天白云，青山碧水，悠哉游哉，是为乐道。

平哥很好客，下班后带我去他家坐。他家位于景区附近水库旁山坡上，一列两层房子，共500多平方米，与大伯家人各住一半，前有大院子，能遥望流溪河水库，院子种满

石门国家森林公园

从化温泉镇

千泷沟大瀑布

溪头村石巷

流溪河森林公园采大自然之精华

位于从化的北回归线标志塔

花和树，这里可谓世外桃源。

　　他请我进院落的茶室品茶，茶室摆满名贵的观赏石，还带我进他的房间和二楼的客厅参观。他说后面一大片自家地种有龙眼、黄皮等树，假日时游人也到他家采摘水果和用餐。

　　平哥对我说，在流溪河森林公园工作尽管每月工资不高，但并不累也算是一种休闲生活，加上家里自种水果去卖和兼营餐饮客房，也有一定收入。看来，现今农民收入有保障比不少城市人过得好，活得清闲有滋味。

　　从化山清水秀，温泉遍布，有着自然和谐的平静，身处其间人的内心也得到平和。

　　那一年我与一群武术养生爱好者到从化采气练功，并到温泉镇天医处景区山头拜石观音像和祈福。傍晚我们在流溪河森林公园湖边采落日之精和月亮之华，感受着与大自然无比亲密接触的那一刻。当日晚上大家在度假村诵读传统文化经典，泡温泉，静思人生得失。

　　从化晚上夜空的星星较多，令人重新回到小时候那种遥望星空而天马行空的感觉中。在度假区游泳和泡温泉，全身得到放松，我们吃上从化特色的水库鱼头煲，品尝从化出产的荔枝和火龙果，享受着口福，听闻着山林中飞鸟的鸣叫，沉浸在天籁之音中，仿佛隐现着大道的自然本来。

从化云台山下的宣星古村充满古韵味

两千年历史　悠悠广州城

岭南山水经

南岭珠江千里来龙

山川走势如龙，随山川行走的大自然的气脉叫龙脉，山川走势的脉路如同人体的骨架和血脉。古人把龙看作宇宙元气的化身，代表着大自然生生不息的气脉，是无限生机的象征。

在岭南地区有一大山龙和一大水龙，两广丘陵、南岭构成的庞大山系为大山龙，作为岭南地区北部靠山，南岭即五岭，两广丘陵分布于南岭以南，是广东、广西两地大部分低山、丘陵的总称，主要山脉有十万大山、云开大山、大瑶山、云雾山、九连山和莲花山等；珠江水系为大水龙，其中西江为最大干流。这大山龙和大水龙相互依偎，气脉交融。

我在《青藏天道行》一书中，提出了以天地支柱不周山和青藏高原为中心点，亚欧大陆形成了八路龙脉山系和相关伴随的龙脉水系，其中认为，中国东南方向的龙脉其路线是昆仑山、巴颜喀拉山、阿尼玛卿山由西向东连成昆仑山系，该山系历经四川西部沙鲁里山、大雪山，延伸至云贵高原的五莲峰、乌蒙山、苗岭。

苗岭山脉位于贵州省，是珠江水系与长江水系的分水岭，在苗岭分出两列交错并行的山系继续向东行走，一列向正东与长江相伴而行，一列偏向东南与珠江河系相伴而行，但最终两列都接上浙闽丘陵于杭州湾和长江口出东海。

在苗岭分出的偏向东南的一列为两广丘陵、南岭，并与珠江河系相伴，珠江河系是中国南方最大的河流，与长江、黄河、淮河、海河、松花江、辽河并称中国七大江河水系，其是由西江、潭江、北江、东江、流溪河等及珠江三角洲诸河汇聚而成的复合水系。东江、流溪河、北江大致由东北向西南流，西江、潭江大

两广丘陵、南岭和珠江水系图示（该部分图示出自《中国地理地图等高线版》，山东省地图出版社2012年3月版）

东部沿海经济带如龙形，岭南地域像张口巨龙（地图出自《中学地理实用地图册》，星球地图出版社2015年2月第1版）

岭南山水经

致自西向东流，并都汇于珠江三角洲网河区，最后分别经虎门、蕉门、洪奇门、横门、磨刀门、鸡啼门、虎跳门和崖门八大口门入注南海，整个水系呈扇状水系。

珠江三角洲包括广州、深圳、佛山、东莞、中山、珠海、江门、肇庆、惠州共9个城市，而"大珠三角"指原珠三角9个城市，加上深汕特别合作区、香港特别行政区、澳门特别行政区三地而构成的区域，被称为中国的"南大门"。

两广丘陵、南岭一路与珠江水系形成山水"龙穴"的重要城市，有百色、南宁、梧州，以及珠江三角洲地区较多经济发达的城市。

珠江片区自然景观神奇独特，人文景观多姿多彩，其中南盘江的石林奇观、北盘江的黄果树瀑布、漓江的桂林山水、西江的肇庆七星岩、北江的丹霞山、东江的惠州西湖、珠江口的虎门销烟遗址，以及动感之都香港、世界博彩之城澳门，等等，驰名天下，一直吸引着古今中外游客。

从地图上看，岭南的地域就像一条张开大口的巨龙，广西为龙的头部，广西的西部形似龙口，似乎对着西面吞入西江干流和支流，广东地区就像巨龙的腹部，如果加上福建、浙江为龙尾，一条惟妙惟肖的巨龙就显现了出来。事实上，两广丘陵、南岭山系、浙闽丘陵连成一片如龙状，而广东西南的雷州半岛和海南岛，以及台湾岛是龙脚。

另外，如果从中华大地看，东部沿海经济带陆地如龙形，其中环渤海湾地区包括京津冀都市圈形似张口大龙头，同时渤海湾海域也像一个大龙头，黄海、东海、东南沿海等海域就像龙身，这渤海湾海域"龙头"的龙鼻子对着天津、北京，发出"龙气"，口吸着九曲黄河之水。这"龙头"和"龙身"巨大，也难怪京津地区在古代"皇"气十足，原来是有"龙"在护守。东部沿海经济带可谓陆海双龙合抱，京津冀都市圈更是陆海大龙头合璧。

杭州湾形似象头，钱塘江就像长长的象鼻，并"喷"出千岛湖，将东海之"财"气输送到内陆，如果将长江口连起来看，杭州湾和长江口海域就像张开的龙口，向长江和钱塘江"喷"水，而太湖是龙口中的"龙珠"，难怪长江三角洲"财"气十足。

雷州半岛是"龙脚"（湛江湖光岩）

海南岛是"龙脚"（三亚风光）

岭南形胜行
黄智华

三江汇聚珠江三角洲

"人之居处宜以大山河为主,其来脉气最大,关系人祸最为切要"。古人把绵延的山脉称为"龙脉",山水相交,阴阳融凝,生气之处称为"龙穴"。"龙"导生气行走,气随龙脉行转,龙长生气亦雄厚,龙短气亦短,并山水聚结而成"穴",所谓"千里来龙,千里结穴;百里来龙,百里结穴",大聚为都会,中聚为大郡,小聚为乡村、阳宅及富贵阴地。

古代风水学认为"有龙必有穴"。"龙"的气息藏聚之处,就是生机旺盛的地方。山能通气,水以止气,山止则气聚而成穴,特别是在大江河的弯环处、出海处,水环聚气,往往建有大都市。我国不少历史悠久的城市同时也是"龙穴"聚气地,如西安、北京、南京、杭州、武汉、广州,等等。这些"龙穴"城市往往都建有镇山、镇水、镇邪意义的建筑物如塔、楼等,例如杭州的六和塔、武汉的黄鹤楼、广州的"珠江三塔"等。

千里来龙,势定形止而结穴,左右山水环抱有情,藏风聚气,而水入明堂,水口相对关拦,山龙水龙阴阳相交,前面有案山、朝山等众山朝拱,众水会聚,有如群臣听命,百官献奏,万国朝贡,天门开而地户闭,乃是真龙作结的象征。

这就好比一个大房子,四周有墙壁封闭,能够聚气,保护人体气息,而房子留有门户和若干窗口,并设关拦,如同呼吸之门,这是与外界沟通,接纳新的气息,带来生气。

珠江三角洲平原就有着这样的特征,为典型的山水海环抱聚气结穴之

西江发源于马雄山

浔江和桂江在梧州交汇

西江在封开县城大转弯

福地，可谓物华天宝，人杰地灵。

珠江三角洲西面、北面、东面千里来龙，群山环绕相抱，西江、北江、东江三江汇聚，南面对着南海，与东南亚地区隔海相望，并且南面沿海有低矮丘陵作为锁链，锁住珠江三角洲平原内的气脉，而仅留珠江口为出水口。

珠江三角洲平原是组成珠江水系的西江、北江和东江入海时共同冲击沉淀而成的一个三角洲，面积约11000平方公里。

珠江水系主干流西江全长2214千米，南盘江、红水河两段共为西江上游，黔江、浔江两段共为中游，广西梧州以下为下游，主要支流有北盘江、柳江、郁江、桂江及贺江等。

梧州是有着2000多年历史的岭南名城，浔江和桂江在这里形成交汇点。西江在梧州一带逐渐转弯，而进入广东封开县城江口镇一下子来了个大转弯，由西转向东南方流去，这一大转弯是西江重要的转折"穴位"，同时西江与支流贺江在这里交汇。

梧州、封开处于西江由上中游转向下游的转折点和转弯处，浔江、桂江和贺江交汇于此，共同构成"两广门户"，为西江一大"龙穴"。

西江发源于云贵高原乌蒙山余脉马雄山，云南沾益县东北的马雄山东麓出水洞处为珠江正源，这里海拔2158米。沾益县境内花山湖有着珠江源头第一湖的美称。西江自西向东流经云南、贵州、广西和广东4省（自治区），至广东省佛山市三水区的思贤滘与北江汇合后流入珠江三角洲网河区，主流由磨刀门入海。

珠江水系的北江干流长468公里，是珠江流域第二大水系，发源于江西省信丰县石碣大茅山，在韶关市沙洲尾以上为上游，称浈江，河长212公里，在韶关与武江汇合后，始称北江；北江在韶关市沙洲尾至清远市飞来峡为中游，河长173公里；飞来峡至佛山三水区思贤滘为下游段，河长83公里，在思贤滘与西江相通后汇入珠江三角洲，于广州番禺区黄阁镇小虎山岛淹尾出珠江口。

珠江水系的东江发源于江西省寻乌县桠髻钵山，干流在广东省龙川县合河坝以上称寻乌水，汇贝岭水后始称东江，集水面积1000平方公里以上的一级支流有贝岭水、浰江、新丰江、秋香江、公庄河、西枝江和石马河等。东江源河为寻乌水三桐河，向西南流经广东省的龙川、河源、紫金、惠阳、博罗，至东莞市石龙镇进入珠江三角洲，于广州增城区穗东联围东南汇入狮子洋，河长562公里。

贺江在封开县城流入西江干流

江门市鹤山大雁山形似"大雁"扑饮西江

岭南山水经

岭南形胜行 黄智华

有"龙一族"护西江东行

"水是山家血脉精",山脉的龙气在水化生,水是大地生命的源泉。珠江水系的主干流西江是随龙水,是从"龙"的祖山一路伴随干龙千里而来的水,绵绵不断,并一路有迎送之山,所以西江是贵龙。

西江是华南地区最长的河流,为中国第四大河流,给岭南地区带来了无限生气。

西江沿岸建有较多较大规模的城市,如广西的南宁、柳州、梧州、贵港、百色、来宾、崇左,以及广东的广州、佛山、肇庆、云浮、江门等,这些城市往往在西江走向的弯曲处,而且江面有小岛使江水流动放缓,形成聚气效应,有利于城市的形成和发展。

同时为保西江这条巨"龙"不犯"凶"而给岭南大地带来风调雨顺,古时在江岸建有寺庙楼塔等来"镇护"西江,并有"龙一族"如崇山峻岭、峡谷洞穴等在江岸伴随西江东行,如南宁市有五象岭与青秀山隔江相守,山上有寺庙,梧州有龙母庙、白鹤观、四恩禅寺;进入广东,由西向东有封开龙山、封开大斑石、封开黄岩洞(岭南最早人类繁衍之地)、德庆盘龙峡、德庆龙母祖庙、罗定聚龙洞,以及云浮蟠龙洞、肇庆护龙庙、肇庆鼎湖山、肇庆庆云寺、佛山西樵山、江门鹤山大雁山、江门釜山,等等。在西江出海口,有珠海市横琴岛山地和三灶岛山地在东

贺州姑婆山和仙姑庙

德庆盘龙峡以瀑布见长

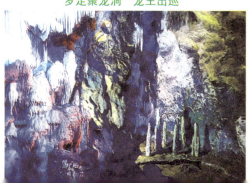
罗定聚龙洞"龙王出巡"

云浮蟠龙洞"金龙入帐"

云浮蟠龙洞"玉罗伞帐"

鹤山大雁山纪元塔镇守西江

贺州玉石林被誉为"人间仙境"

玉石林奇峰突兀

岭南山水经

西两边守卫。

德庆盘龙峡以瀑布见长，瀑布飞流直下，犹如一条条小龙盘踞于峡谷中，在飞跃起舞。它们仿佛是西江这条巨"龙"，或是大斑石这"龙蛋"所孵化出来的小龙。

罗定苹塘镇聚龙洞，属典型的喀斯特溶洞，洞府内各类奇特的钟乳石纵横交错，千姿百态，有九龙盘柱、龙王出巡、福寿龟等景点，是"龙气"所聚和栖息之所。

云浮蟠龙洞位于市区北部的狮子山中，是一个经历了1.7亿多年逐渐形成的次生溶洞。洞内石花、石笋、石柱、石幔、石帐、石盾、石堤应有尽有，奇景叠出，景物壮观，简直就是龙宫和神灵居所。洞体迂回曲折，形若蛟龙，故名。景点有玉罗伞帐、白龙戏水等，是"蛟龙"潜藏孕育之地。

西江一级支流贺江，因流经广西贺州而得名，其上游富川江（富江）发源于富川瑶族自治县麦岭乡的茗山，向南流经富川县、钟山县、贺州市、广东省封开县，于封开县江口镇注入西江。

贺州市区外21公里处有姑婆山国家森林公园（萌渚岭南端），公园地貌主峰突兀，群峰并立，地势险峻，沟长谷深，地形山势极富变化，海拔1000米以上的山峰有25座，其中最高天堂峰顶海拔1844米，是桂东最高峰。公园内有始建于唐代的仙姑庙，落差在20米以上的瀑布多达16处，包括仙姑瀑布、玉龙瀑布、奔马瀑布、罗汉瀑布等。

姑婆山范围有玉石林景区，是一片十分罕见的由汉白玉石柱、石笋组成的"玉石林"。它形成于一亿多年前的侏罗纪时期，由于燕山期地质的断裂隆升和长期的岩溶渗蚀及局部受高温影响，加上自宋朝以来1000多年的锡矿开采业，使区域内地层峰丛间石芽裸露、奇峰迭起，石笋石柱、地槽漏斗、狭缝密布，构成了万千壮丽景观，成就了"千年骆驼""空中走廊""一线天"等奇景，被誉为"人间仙境"。

姑婆山和玉石林是贺江及其支流马尾河的守护神。

147

西江要冲粤语发祥地梧州和封开

西江从广西梧州和广东封开一带逐渐由西向转弯流向东南方，这一转弯使西江一级支流众多的上中游汇流而进入下游段，进入广东，所以说梧州和封开扼西江之要冲，是"两广门户"，是通往"珠三角"及大西南的"咽喉"，为形胜之地。

现今的广西梧州与广东封开一带在历史上为古广信。广信，是古代汉武帝平定南越王国后，到三国孙权时期的交州首府，取"初开粤地，宜广布恩信"之意。

潇贺古道和湘桂水道(即灵渠)是唐代以前中原汉人进入岭南的两条重要通道，广信地处桂江、贺江与西江汇合之处，在秦汉时期就是沟通岭北岭南的交通要道，为中原文化与岭南文化最早的交汇点，是汉代海陆丝绸之路最重要的对接点。

自公元前106年起，广信作为岭南政治、经济和文化的中心，前后历经300多年，被誉为"岭南古都"，是广府文化（岭南文化）和"两广"粤语的最早发祥地。

粤语是广义上的"岭南语"，发源于古代中原雅言，具有完整的九声六调，较完美地保留古汉语的特征，是我国古代普通话的活化石。

秦始皇南下攻取"百越"后，华夏族人来到岭南地区，当地的多个原始部族则逃往山区或更南的地区，当时的华夏族语言开始传入岭南地区。秦灭亡后，南海郡尉赵佗兼并桂林郡和象郡称王，建立了短暂的南越国。粤语名称就是来源于"南越国"（古代"越"和"粤"是通假字）。

封开大斑石

魏晋南北朝、唐宋时期的战乱，令数量庞大的中原汉人源源不断地南下珠江三角洲，拉近了古粤语和中原汉语的差别，唐宋时期可被视为粤语的定型时期。因此，现代粤语仍能对应宋朝《广韵》的发音，但难以对应元朝或以后的古汉语发音。元朝，蒙古人迁都至大都（今北京），并以当地话作为官方语言。此后，中原汉语与中古汉语和粤语的差别逐渐变大。

始建于唐代开元年间的梧州白鹤观

梧州是有着2100多年历史的岭南名城，明成化六年（公元1470年），明宪宗在梧州创设中国历史上第一个总督府，辖广西、广东，梧州成为两广政治、军事中心。

封开一直被誉为"南国大花园"、岭南母系氏族的摇篮。这里有奇山，有秀水，河儿口镇有龙山风景区和龙山双龙洞，以及岭南旧石器时代晚期向新石器时代过渡的典型洞穴遗址黄岩洞，杏花镇的古广信河畔、龙山附近屹立着被誉为"天下第一石"的大斑石。

河儿口镇一座狮子状石灰岩孤峰下，黄岩洞遗址于1961年8月被发现，这里相继出土了两个距今1.2万年的晚期智人头骨化石、近千件打制石器和磨制石器，以及大量距今14.5万年的哺乳动物化石，另外，发现的古人类牙齿化石距今14.8万年，比曲江马坝人还早2万年，是目前岭南地区发现的最早的古人类。

大斑石为半球状花岗岩体，又是一座石山，形成于2亿多年前的中生代，高191.3米，长1350米，宽695米，周长4100米。

梧州四恩禅寺坐落于白云山南麓

如果说封开龙山及其"双龙洞"、黄岩洞是"龙"栖息之处，那么这大斑石就是"龙蛋"，或许是西江这条"龙"在岸上"喘息"时所留下的"气息"。

以我观之，南粤有三大生化之地，西有封开，北有韶关，东有河源，这分别对应的是西江、北江、东江的要冲形胜地，这三大生化之地基本处于中上游众多支流交汇处，是最早的古人类，甚至是远古恐龙生物的繁衍之地，这是生气焕发之所，生命之门。

河源是客家人聚居地，为客家文化的重要起源地之一，也是岭南文化的重要发祥地之一，有"客家古邑，万绿河源"美誉，新丰江水库（万绿湖）是"龙"气汇聚勃发之所。河源是"中华恐龙之乡"，自1996年3月在河源市区东江边发现第一窝恐龙蛋化石至今，已抢救、发掘出17000多枚恐龙蛋化石。

封开黄岩洞

韶关被誉为华南生物基因库，有著名的曲江区古人类"马坝人"遗址、"石峡文化"遗址狮子岩，以及生生不息的丹霞山等。

梧州、封开、韶关、河源同时也是通往珠江三角洲最重要的门户要冲。具体看，守护珠江三角洲有几大门户，分别为北有韶关、南雄、连州守北江水陆道，东有龙川、河源、惠州守东江水陆道，西有贺州、梧州、封开、肇庆守西江水陆道，这些均为形胜之地。

地处贺江与西江交汇点的封开广信塔

岭南形胜行 黄智华

"九龙"山水海大结穴

从地形图看，南粤地区除珠江三角洲形成明显的大平原，以及雷州半岛的湛江地区、潮汕地区部分为平原外，大部分是山区。

珠江三角洲平原西面有云开大山、云雾山、天露山、七星岩大山、鼎湖山，这些大山脉自西至东而来，形成西面屏障；北面有南岭（蔚岭、大庾岭）、瑶山、大东山、起微山、罗壳山、滑石山，这些大山脉自北至南而来，构成北面屏障；而青云山、九连山、罗浮山、莲花山，这些大山脉自东北至西南而来，为东面屏障。

这些来自西面、北面和东面的大山脉犹如一条条巨龙，并率众多小龙自远方纷至沓来，带来了绵绵不断的龙气，聚于珠江三角洲，且与珠江水系"水龙"、珠江口狮子洋"海龙"、南海"大海龙"相聚，呈现山龙、水龙、海龙大相会，

两广丘陵、南岭和珠江水系图示（该部分图示出自《广东省地图册》广东省地图出版社2011年3月第6版，2014年12月修编）

有情大聚结。

以我观之，从山脉水路来龙看，珠江三角洲周边呈九列山系和九路江流"九龙"来相聚结穴的局面，且每列山系分别与一路江流结为同行"伴侣"，构成九列山系江流龙脉。

从地形看，南岭西段的八十里大南山、猫儿山、越城岭、海洋山和都庞岭，接广西的大瑶山、大桂山，延伸至广东封开县的封开国家地质公园、七星岩大山（主峰七星岩顶海拔1274米）、肇庆市区北部北岭山、肇庆鼎湖山，这是一条大龙脉，为第一列山"龙"，同时粤西南三大山脉云开大山、云雾山、天露山往东北聚向这一列大龙脉，交汇于肇庆鼎湖山，同为一列。这列山"龙"在肇庆地段和佛山市三水区结成"龙穴"。这列两大走向相聚的山"龙"，形势上状似一头展翅巨凤。

肇庆的北岭山脉、鼎湖山向东有两列山往珠江三角洲平原伸出，犹如巨龙张开大口，北面一列（龙口上颌）是四会市附近的葫芦山风景区和贞山风景区，南面一列（龙口下颌）是肇庆市鼎湖区沙浦镇的栏柯山脉（最高峰海拔904米），西江从这两列山脉间的"龙口"中穿出，在龙口下颌（栏柯山脉）从西转弯向南流去。西江就像从龙口向下吐出，流向珠江三角洲平原，主干流在珠海市横琴岛西边流出南海。

这北岭山脉、鼎湖山、龙口上颌（葫芦山、贞山）与龙口下颌（栏柯山脉），构成"龙头"并张开大口，肇庆市整个鼎湖区就是龙口，而西江从"龙口"吐出之地，即三江汇流处的佛山市三水区，形成一大"龙穴"。

这第一列山"龙"由南岭西段山系、广西中部和东部山脉、粤西山脉和粤西南三大山系构成，呈现为气脉绵绵而有力的山系巨龙，而这西面和西南面两大方向而来的山系均聚结于肇庆城区和鼎湖山一带的"龙口"位置，使这一带成为来龙结穴聚气点，加上西江在此形成大转弯流向珠江三角洲平原，气势不可挡。

从总体看，上述第一列山龙护守着西江水龙，并相伴交融同行，构成一列同行山系江流巨龙，也为九列山系、九路江流中气势最雄厚的一列。

岭南山水经

西江从两列山脉间的"龙口"中穿出，从西转弯向南流去(地形图出自广东省地图出版社2014年1月第2版《珠江三角洲地图集》，图中所插标记为作者所加)

岭南形胜行 黄智华

西江大转弯迈入"珠三角"

这第一列山龙在龙头结穴位向珠江三角洲平原吐出西江，相当有灵气，生气十足。

肇庆市老城区端州区和七星岩风景区位于西江流向珠江三角洲平原的出口区域，为第一列山系"龙头"的喉咙和喉结位置。这里南有西江环抱，北有北岭山脉和鼎湖山自然保护区为靠山，呈现出山环水抱的聚气好格局，自西而来的西江在此来了个大转弯，沿端州区往南转弯而走，然后流向东北方，这一段南面的大转弯，就好比"转"出了个大袋子，端州区和七星岩风景区就像被"大袋"装了起来，其区域的"气聚"效应妙不可言。

特别是位于端州区中北部的七星湖风景区，湖面有龙形之状，头部为波海湖，头、身、脚、尾俱备，颇具活灵活现的龙的形象，七星湖是"龙气"的集结地，湖中七星岩或许就是龙所生七子的化身。

可见，肇庆市端州老城区是西江"龙气"和大自然精气的聚结点。端州老城区还有盘古山、将军山、古宋城墙、阅江楼、文昌阁、崇禧塔等景点，这些均是"守卫"西江的"岗哨"。

崇禧塔坐落在端州区西江岸上，建于明万历十年(公元1582年)九月，古人认为西江水"滔滔而东，其气不聚，人才遂如晨星"，若建塔聚气，可使人才辈出；同时建塔可镇住西江"祸龙"水患，永固堤围。

肇庆市阅江楼（叶挺独立团团部旧址）

肇庆将军山关公财神庙

肇庆市崇禧塔

盘古山上的盘古像

北岭山脉将军山上有关公财神庙，传说南北朝时关公在此显灵而得名。

西江于端州区大转弯后在鼎湖山进入"龙口"而转向东行，鼎湖山就在这"龙口"的咽喉位置，咽喉是进行饮食、呼吸、发声音的器官，是气息出入之要道。鼎湖山及山上庆云寺把守住这"喉咙"到"龙口"的咽喉要地，是第一列龙脉龙穴中的"龙穴"。

鼎湖山及"龙口"一带是众多大山脉的聚汇点，西有广西和粤西几大山脉来聚向，西南面有云雾山、天露山等山脉来聚向，北有罗壳山一脉来聚向，加上佛山市三水区呈现北江、西江与绥江三江汇流，构成了这一片区山龙水龙大能量汇聚的龙穴之地。

鼎湖山上有广东四大名刹之一庆云寺，"龙口"上颌有慈云寺（葫芦山风景区内），"龙口"下颌（栏柯山脉）在沙浦镇苏二村九峰山有善庆寺，这些寺庙镇守"龙口"和西江，以使西江这条水龙不犯凶。

西江经过端州老城区"喉咙"后在鼎湖山"咽喉"处转向东行，随后在端州区"龙口"下巴嘴边，即佛山市三水区与肇庆交界的"飞地"琴沙岛处，又由东向来个大转弯转向东南方流出，直至出南海。同时，西江在琴沙岛处分支与南下而来的北江交汇进入珠江三角洲平原珠江河系，并流出珠江口。

肇庆市老城区端州区以及鼎湖区，是西江这一水龙气息流进珠江三角洲平原的喉咙、咽喉关口，也为粤西乃至广西、中国西部地区进出"珠三角"的重要关口之一，为形势险要的交通孔道，所以为龙穴点。

肇庆市背枕北岭，珠江主干流西江穿境而过，北回归线横贯其中，上控苍梧，下制南海，为粤西咽喉要地，并有"中国砚都"之美誉。其下辖有端州区、鼎湖区和广宁、德庆、封开、怀集4县，代管高要、四会2个县级市。

佛山市三水区因北江、西江与绥江三江汇流而得名，西江在这里由西行大转弯南流，而从粤北韶关、清远而来的北江主流在这里也形成大转弯向东南流去，这两大转弯正好相对，并有东平水道将这西江和北江的两大转弯连接起来。

西江在转弯处有琴沙岛，北江在转弯处有老鸦洲岛，这起到减缓江水转弯时水流和冲击力的作用，这转弯处是水龙结穴之地。

所以，佛山市三水区是上述第一列龙脉（山龙）和北江、西江、绥江三条水龙共同结穴之所。

岭南山水经

肇庆市葫芦山慈云寺

肇庆市古宋城墙

位于北岭山脉的盘古山

岭南形胜行 黄智华

大卧佛孔圣庙坐镇三江口

佛山市三水区因三江汇流而得名,是广东省著名侨乡之一,有"中国首个富裕型长寿之乡"美誉,景点有古锅耳屋群、胥江祖庙、三水森林公园、三水荷花世界、南丹山风景区等。

三水森林公园内有形似大卧佛的天仙岩,这里是第一列龙脉山水交汇结穴的灵韵所在。

三水森林公园正对西江和北江的转弯处,公园内有金装大卧佛和孔圣庙(孔圣园)坐镇三江口,稳住三江汇流所带来的蓬勃生气的气场。

据景区本焕寺资料介绍,"大卧佛"位于森林公园天仙岩,是中国最大的石雕卧佛。据载,唐代时六祖惠能大师云游到三水,梦见佛陀临水而卧,天仙岩紫光耀目。于是次日惠能大师寻到天仙岩这里,看到所梦见的圣迹化为天然奇石,横卧于烟云之中,六祖立即跪拜,求佛祖降福天下。

后来,大卧佛的雕造从这个传说获取灵感,以盛唐敦煌卧佛为范本,在天仙岩上雕刻、筑紫铜60吨而成。

卧佛全长108米,高18米,尺度堪称世界之最。卧佛临水依山而建,头北身南,朝右侧卧躺,右臂作枕,左臂平放于体上,眼睛微睁,姿态舒展而从容,表情柔和安详,其眉心钛宝珠直径0.8米。

大佛对岸是敬佛阁,一层为长60米的长廊,廊内彩绘佛传故事,二层为敬佛台。站在敬佛台上,望着大卧佛,令人思潮起伏。

"佛虽卧而常醒",释迦牟尼佛以吉祥卧姿势入涅槃,是佛陀示现其智慧与慈悲的终极完满,是对众生开启菩提智慧的表法。

熄灭生死轮回而涅槃,是佛教所追求的最高境

敬佛阁时刻供敬着"大卧佛"

三水森林公园孔圣园

三水森林公园金装大卧佛

界，这是不生不灭，身心俱寂之解脱境界。

所谓"心外见法，名为外道；若悟自心，即是涅槃，离生死故"。

不生不灭，不垢不净，不增不减，来无来相，去无去相，没有生灭增减、是非对立之相，惟有智慧的心，解脱的心，包容的心，慈悲的心。

如此，证得自性，明白自身、宇宙万物的一切真相，大彻大悟，就是涅槃境界。

所以，其实佛代表的是宇宙的智慧。

"大卧佛"附近有孔圣园，它是华南地区最大的孔庙，设计以山东曲阜孔庙为蓝本微缩，其实早在明嘉靖年间，三水县城就建有文庙和武庙，其中文庙就是以前的三水学宫，是祭拜孔子、办学读书的地方，但在抗日战争中毁于战火，现代在三水森林公园内选址重建。

孔圣园依山而建，由下往上依次建有棂星门、大成门、婚礼堂、师礼堂、大成殿、崇圣祠、聚星楼，寓意步步高升。两旁建有庑廊、礼门、仪门、名宦祠、乡贤祠、碑廊等。

孔圣园内有一石桌，上刻"围棋谱"，寓意着"人生如棋，落子无悔，一着不慎，满盘皆输"的人生哲理。

园内有一欹器，其特点是，当它空虚不盛一点水时，就会欹斜，所谓"虚则欹"；而注入中等数量的水，就可端正，所谓"中则正"。孔子曰："吾闻宥坐之器，虚则欹，中则正，满则覆。"得当、正直、纯正，就是正道，这是为人之道。

孔子学说讲的是为人处世、社会和谐的道理和智慧。孔子把"仁"作为最高的道德标准和境界。

道德是为人的根本，以天性善良、地德忠厚的心来为人处事，怀有博爱心、包容心，自然会产生仁爱心。

开笔礼是孔圣园的一大特色。开笔礼是春秋战国时期流传至今，是对即将读小学的少儿开始识字习礼的一种启蒙教育形式，俗称"破蒙"。作为华南地区最大的孔庙，三水孔圣园从1998年开始举办开笔礼。

据了解，孔圣园开笔礼分几步，即将入读的少儿首先要"正衣冠"，换上礼服，后手握1.2米高、直径为10厘米大毛笔，到孔子行教像前三拜孔子三献花，寓意"手握乾坤步步高"，此后，行状元桥"步青云"和"点朱破蒙"。最后，少儿在老师的带领下到师礼堂读《三字经》，到婚礼堂学《二十四孝图》，再登至孔圣园制高点聚星楼敲响"启智钟"，礼方成。

孔圣园内有一欹器

"孝悌忠信礼义廉耻"是孔子德育内容的精髓（孔圣园壁画）

岭南形胜行 黄智华

萌渚岭余脉南下展龙姿

相聚珠江三角洲九列山系的第二列山龙，是五岭之一萌渚岭及其深入南粤的余脉，为一条连绵不断的山岭地带。

这第二列山系龙脉为西北东南走向，其路线为：位于广东与湖南交界地段、湖南省永州市宁远县境内的萌渚岭及其支脉九嶷山，南下连广东大雾山、起微山脉，再南接广宁县东北部的罗壳山脉（螺壳山），止于佛山三水区、肇庆四会市两地的界山大南山和佛山三水区的南丹山，结穴于四会市。途中经过的城市主要有连州、连南、连山、阳山、怀集、广宁等。

这列山系与绥江同行，构成第二列山系江流龙脉，而绥江总体穿越在第一列与第二列山系之间，受两列山系护守。

绥江发源于广东省连山县擒鸦岭，穿过怀集、广宁、四会3县（市），在四会马房汇入北江，干流长226公里。

连州市地处萌渚岭南麓，阳山县位于连州市东南面、连江中游。阳山县城西北9公里有神笔山神笔洞，神笔洞内有稀有矿藏黄蜡石溶岩奇观。

连山壮族瑶族自治县简称连山，"连山"为"山连山"之意，于粤、湘、桂交界处，又是西江、北江、沱江三江的源头之一，可谓"三省界、三江源"。

九嶷山，又名苍梧山，自古以来为我国名山之一，属南岭山脉之萌渚岭，因境内有九峰，且峰峰相似难以区别，故名。九嶷山千米以上山峰有90多座，最高峰粪箕窝海拔1959米。

《史记·五帝本纪》："舜南巡崩于苍梧之野，葬于江南九疑，是为零陵。"舜在位39年，曾到遥远的南方巡视，在粤北登韶石奏韶乐，驾崩于苍梧之野，葬于湘南宁远的九嶷山。

舜是开创中华民族人类文明的五帝之一，为中华道德文化的鼻祖，一直为后人所敬仰。

罗壳山脉

广宁县宝锭山状如元宝

北江、西江、绥江与龙江在四会市会流

九嶷山自古就有"万里江山朝九疑"之说，万千峰峦无一不朝向舜源峰，九嶷山九峰耸立，舜源峰居中为最高。舜源峰下，有舜帝庙。

大雾山为萌渚岭余脉绵延，是广东第五高峰，位连州北部，是连山县的最高峰，海拔1659.3米，主峰叫"三将军"，山顶常年云雾缭绕。

起微山脉为萌渚岭余脉往南延伸，其大致呈南北走向，基本在连南境内。

罗壳山脉（螺壳山）大体位于广宁县北市镇东北部，属萌渚岭余脉，最高峰海拔为1338米，古有"螺壳山高，离天三尺，人过低头，马过贴脊"之说，历来为兵家必争之地。

广宁县有宝锭山（财神山），宝锭山如元宝状，传说是财神爷所留下的金元宝变成的，而周围如聚宝盆，景区内有"天下第一财神"的金身财神塑像，"财神"手捧聚宝盆，晓喻"君子爱财，取之有道"的人生哲理。

大南山位于佛山三水西南街道北26公里处，为三水、四会两地的界山，建有大南山森林公园，主峰天心塘海拔546.9米。

南丹山是"珠三角"唯一的亚热带雨林，被北江和漫江环抱，水在山间流，山在水中立，"护守"北江下游段。

四会市位于肇庆的东面，地处西、北、绥三江下游，因北江、西江、绥江与龙江"四水"在此会流，故名"四会"。

四会市被誉为"中国柑橘之乡"，景观上有"一仙"（贞仙）、"两佛"（阮公佛、梁公佛）、"三台"（石潭台、白雾台、化师台）、"四塔"（荷赖塔、法成塔、塔岗塔、对岗塔），以及贞山风景区内纪念六祖所兴建的六祖寺。

这些"仙""佛""台""塔""寺"景观对山水龙脉之气起到聚气、化气，以及镇守"四水"的意义，特别是六祖寺为这第二列山系龙穴中的"龙穴"。

六祖寺始建于唐代，属千年古刹，寺庙四面环山。四会贞山是六祖惠能大师韬光养晦、隐居修行长达15年的灵山胜地，后人为纪念他而建庵设寺。

据传，在四会一直流传着六祖惠能点化阮公圣佛阮子郁，阮子郁又点化梁公圣佛梁慈能，相继成佛的故事。四会还有唐朝所建的分别祭祀梁公圣佛、阮公圣佛的宝林古寺和宝胜古寺。

四会市形成"四水"会流之大格局，为生气勃发之地。

佛山三水区南丹山

四会贞山六祖寺是龙穴中的"龙穴"

岭南形胜行 黄智华

莽山瑶山大东山脉脉相承

相聚珠江三角洲九列山系的第三列山龙，为自北向南走向，其路线为：骑田岭、湘粤边界莽山、广东南岭国家森林公园、南岭支脉广东乐昌瑶山、大东山、清远地区英德与阳山界山旗山，并向南延伸至清远市清新区第一峰天子山、清新区大帽山和二帽山、清新区笔架山风景区，所形成的一列连绵不断的山系，在清远市清新区、清城区、飞霞山、飞来寺结穴，而这几个结穴位又处于北江南流途中的转弯处，所以结成了山龙水龙交融的风水龙穴。

这列山系与连江同行，构成第三列山系江流龙脉，而连江总体穿越在第二列与第三列山系之间，受两列山系护守。

连江，古称湟水，近代亦有小北江之称，是珠江水系北江的最大支流，发源于连州潭岭三姊妹峰，干流长275公里，流经连州、阳山、英德，至英德连江口镇注入北江。著名的湟川三峡就位于连江河段上。

第三列山龙在清远市区结穴，北江穿城而过

莽山位于湖南宜章县境内、南岭山脉北麓，是湘粤边界上的绿色明珠，东、西、南与广东乳源、连州、阳山相邻。莽山以林海莽莽、蟒蛇出没而得名，境内1000米以上的山峰就有150多座。

南岭国家森林公园为广东最高的山地，北与湖南莽山国家森林公园相邻，西接连州大东山自然保护区，南为天井山林场和乳源南水湖水库，东有乳源必背瑶寨。

瑶山是南岭支脉，位于韶关市乐昌市市区西北方向。

清远小北江曲折回环，两岸峰奇峻美

大东山地处连州市东北部，东北面与湖南莽山相连，属南岭莽山山脉西南支系，山体高峻雄伟，林密谷深，有很多山泉、瀑布、跌水。大东山自然保护区内有一个面积达10平方公里、库容量1.38亿立方米的水库，也是广东海拔最高、落差最大的水库，被誉为"潭岭天湖"。

英德与阳山的界山旗山，又称"云婆山"，海拔1178米，山上有面积近百亩的高山湖。

天子山瀑布飞流直下

南岭支脉向南延伸至清远市，途中有广东最长的峰林走廊，即英西峰林走廊。

清远市清新区第一峰天子山(俗称大罗山)，最高海拔998米。天子山瀑布景观飞流直下，蔚为壮观，瀑布山泉从山顶到山脚，一气呵成，如同一条游龙在奔腾。天子山瀑布景区和附近的牛鱼嘴原始生态风景区的瀑布群是"龙气"积聚之地。

清远市清新区大帽山，最高点海拔779米，以险、峻、美而著称，在大帽山山脊处，由于断层作用形成很大的锯齿缝，大帽山延伸到对面有一个地方叫天子地，传说古时秦始皇曾派兵锯断大帽山，断其龙脉，而留下齿缝。

大帽山脚下、天子地附近有兴隆古寺，位牛鱼嘴原始生态风景区旁。据曾在兴隆寺出家的虚云禅师回忆，兴隆古寺始建于南北朝，比建于南北朝梁武帝普通元年（公元520年）的飞霞山飞来寺还早2~3年。

清远市清新区笔架山风景区，享有"全国十大生态旅游胜地"的美誉，山上有翠云洞紫云道观，供奉十二天仙。十二天仙相传原为玉皇大帝的十二个儿子，因贪玩而被皇母娘娘化为女儿身，下凡值日，十二个时辰为一班，掌管人间吉、凶、祸、福之事，她们个个尽忠职守，受到天界和人间的好评。

清新区北郊的花尖山有太和古洞风景区，其景观特色是古洞、幽谷、奇石、崖刻和清泉。嵌在山门上的"太和古洞"四个大字，是清代光绪年间，中国历史上最后一位榜眼、清远人氏朱汝珍所题。

飞霞山风景区位于飞来峡上游，西离清远市区20多公里，飞来峡、飞霞山、飞来寺浑然一体。

以我观之，飞霞山就像飞来的相对孤立的一块山地，北江穿越山间而过。飞霞山就像一把锁而锁住北江，也像第三列"山龙"吐出的"龙珠"，为其灵韵所在，而飞来寺、飞霞洞、兴隆古寺、太和古洞等寺观为这第三列龙脉的"龙眼"和龙穴中的"龙穴"。

岭南山水经

牛鱼嘴原始生态风景区

笔架山翠云洞紫云道观

湘粤边界莽山

太和古洞风景区

大帽山脚下兴隆古寺

大庾岭、滑石山脉与北江同行

相聚珠江三角洲九列山系的第四列山龙，为蔚岭（小庾岭）、大庾岭、滑石山脉。这列山系与武江、锦江、浈江（北江干流上游段）、北江干流中游同行，构成第四列山系江流龙脉，而该列水流穿越在第三列与第四列山系之间，受两列山系守护。

北江主流流经广东省的南雄县、始兴县、韶关市、英德市、清远市，至佛山市三水区思贤滘，与西江相通后汇入珠江三角洲，集水面积在1000平方公里以上的一级支流有墨江、锦江、武江、南水、滃江、连江、潖江。北江中游段为韶关市沙洲尾至清远市飞来峡一段。

武江是北江干流上源之一，发源于湖南临武县三峰岭北麓，于韶关市区沙洲尾与浈江合流，称北江。

锦江发源于江西省崇义县竹洞，全河纵贯广东省仁化县境，至曲江区江口汇入浈江。

北江最大支流连江于英德连江口镇汇入北江后，使北江干流气势加强，在连江口镇至飞来峡镇这一段，北江就像一条龙在张爪起舞，简直是惟妙惟肖，由于连江汇入北江后"龙气"较旺，于是便见有中游的飞来岛、飞来峡水利枢纽、飞霞山、飞来寺，以及下游的南丹山、三水森林公园等来"镇守"，约束"龙气"以防"翻天"。

蔚岭关距乐昌城55公里，在今两江镇、庆云镇之间，通郴州、宜章大道，又名小庾岭隘，为古代军事遗址，扼守古代沟通岭南岭北支路古道。

大庾岭发育于零山—九连山隆起西南端，位于江西与广东两省交界区域，东北西南走向。

滑石山脉位于广东省北部，东北西南走向，它北起韶关始兴县浈江南岸，南至英德市滃江北岸，跨越始

滑石山与北江结伴同行（连江汇入北江干流后呈"张爪起舞"）

蔚岭西南有乐昌坪石镇，武江上游在此穿越

锦江流经仁化县和丹霞山

英德宝晶宫景区

兴、仁化、曲江、翁源、英德等县（市），主要山峰有：船底顶、金竹崀和雪山嶂，船底顶是滑石山的最高峰，海拔为1586米，位于韶关曲江区罗坑镇。滑石山脉西与大东山以北江为界，北与大庾岭以北江干流上游段浈江为界，东、南与青云山脉以北江支流滃江为界。

这第四列山龙向东南连接上佛冈县观音山，最终结穴于清远的英德市、佛冈县、观音山。英德市的宝晶宫、佛冈观音山和山下的王山寺，为这列龙脉的"龙眼"和化气之地。

佛冈县城、汤塘镇、龙山镇等有北江水系一级支流潖江穿越，潖江发源于佛冈县水头镇上潭洞通天蜡烛（山名）南侧，在清远市清新区江口镇注入北江，全河长82公里。

佛冈县与从化、新丰、英德和清远市清城区毗邻，是历代兵家必争之地。佛冈南部的汤塘镇有"温泉旅游之乡"之称。

英德市，素称岭南古邑，又称为英州，是广东省历史文化名城、旅游重镇，位北江中游，是珠江三角洲与粤北山区的结合部，享有广东水泥之乡、广东石灰岩溶洞之乡、中国英石之乡、中国红茶和绿茶之乡、中国麻竹笋之乡的美誉。

英德市是滑石山脉下的明珠，是一个周围山地环绕向南倾斜的盆地，为一"龙穴"。英德市西南7.2公里处的燕子岩山脉中有一洞穴，名宝晶宫，整个洞穴如宫殿般，故名。

宝晶宫景区由宝晶宫溶洞、碧绿湖、碧落洞和狮子山等景点组成，集湖泊、花海、溶洞、山林、奇石、茶园等自然景观为一体。景区还有通天洞摩崖石刻、有十万年历史的旧石器遗址、碧落洞千年道观遗址等人文景观。

宝晶宫叠4层，72洞，洞洞相通，底层为地下河，洞内石笋、石柱林立，石花、石幔千姿百态，石钟乳玲珑剔透，以其"雄""奇""壮"，有"岭南第一洞天"之称。洞内拥有众多的"龙宫"元素，如龙帐、龙骨架、龙王出巡、定海神柱，以及有30米高的大型石幔和石柱溶成的"龙骨塔"等。

宝晶宫南面的碧绿湖的形状，就像是南行的北江向西伸出的龙头，要钻进宝晶宫的模样。

宝晶宫和碧绿湖可以说是滑石山脉这山龙与北江这水龙交融的龙穴聚气点，以及这山水龙系"龙气"南行途中的栖息地。

宝晶宫内"龙"的形象惟妙惟肖

宝晶宫有巨大的"龙须"

岭南形胜行 黄智华

青云山脉和"结穴"地芙蓉嶂

相聚珠江三角洲九列山系的第五列山龙，为青云山脉。青云山脉呈现东北西南走向，东北方向进入江西境内，主脉位于广东新丰、翁源、连平一带。青云山脉西北与滑石山脉以滃江为界，东南与九连山脉大致以105国道、流溪河为界。

这列山系基本与北江支流滃江同行，构成第五列山系江流龙脉，而滃江穿越在第四列与第五列山系之间，受两列山系守护。

青云山脉最高峰为新丰县中部海拔1422米的云髻山（阿婆髻），其因远观山顶像阿婆头上的发髻及多藏于云雾中而得名。云髻山是东江水系最大支流新丰江的发源地。

青云山脉余脉在西南方向延伸至广州花都区的高百丈森林公园、九龙潭森林公园、九湾潭水库、王子山森林公园、芙蓉嶂风景区、芙蓉嶂水库、盘古王山和花都城区，以及清远市银盏森林公园等一带结穴。

这一片结穴地也可同视为第四列山龙滑石山脉余脉的结穴带，以及第三列山龙在清远市清新区、清城区、飞霞山向南吐出的"穴地"。

这结穴片带形似相对独立的伏在地上的龙头，所以建有盘古王山的盘古王庙、芙蓉嶂的龙王古庙来"镇"住。盘古王山和芙蓉嶂位于"龙头"的龙嘴位置。

盘古王山位于花都区狮岭镇北部，现为盘古王公园，山中有座盘古王庙，这里是古代"南海中的盘古国"的遗址之一，传说是盘古王开天辟地的地方。公园古迹有盘古王庙、圣龟池、半山亭、试斧石、龙口泉。

花都是古时"南海盘古国"的所在地。在南朝梁人任昉的《述异记》中有这样一段记载："今南海有盘古氏墓，亘三百里，俗云后人追葬盘古

新丰县云髻山

新丰江发源于云髻山

从芙蓉峰上看芙蓉嶂水库，"狮""象"两山作守卫

之魂也。桂林有盘古祠，今人祝祀。南海有盘古国，今人皆以盘古为姓。"

王子山森林公园位于花都区北部与清远市交界处，这里峰峦叠嶂、山深谷窈。

芙蓉嶂风景区位于花都区北部芙蓉镇，以山、林、湖、泉景观构成，以海拔371米的芙蓉山（芙蓉峰）为主体，山上石头表面均有烟墨色的芙蓉花图形，故得名。

芙蓉峰是一块"龙穴"宝地。传说宋代风水大师赖布衣在粤北群山中发现"龙脉"南延，他沿着"龙脉"出南雄，过曲江，下英德，越清远，入花山北部山区，来到芙蓉嶂。他见其气势不凡，认为此乃龙脉之"结穴"，临行时口占偈语一首："头顶芙蓉嶂，脚踏土地壤；左有莺峰宝，右有覆船岗；鲤鱼把水口，狮象守门楼；铭海建得中，代代出公侯。"他并预言"六百年后必有王者出"。

芙蓉嶂水库在芙蓉山南侧，由狮山、象山、鲤鱼岗三山之间的峡谷所组成，其以芙蓉峰为靠山，"狮""象"两山作守卫，鲤鱼岗（鳌鱼岗）把守住水口，为藏风纳气之地。

芙蓉飞瀑（原名西山瀑布）位于水库东北角。瀑布从芙蓉峰半山腰悬崖上像一条银龙飞流直下，落差有近百米，宽30多米，因崖上有座龙王古庙，所以被称为"天龙垂涎"。

依我观之，芙蓉嶂水库就像一条龙，龙王古庙刚好位于龙尾，镇住了芙蓉嶂水库的来水口。而洪秀全祖坟、陈济棠母墓就骑在水库的龙背上（水库未建前估计也是处于所在地龙潭龙背上），风水格局贵不可言。

另外，芙蓉山脉来龙犹如张开的大帐，向水库伸出三个小山岗，洪秀全祖墓和陈济棠母墓就在居中那个最大的山岗上（名土地坛），加上这里一带是上面所讲的第三列、第四列和第五列山龙余脉龙气结穴之地，而水库所在地背靠芙蓉山，狮山、象山相抱，像是张开着双臂，并"天龙垂涎"带来生气，形成"至尊至贵"之风水穴位。

花都盘古王山和盘古王庙

上面所讲的三列山龙在花都区"龙头"结穴之地形似张开的龙口，盘古王山及盘古王庙所在地为上颌，花东镇九龙潭森林公园和北兴镇九湾潭为下颌，而这芙蓉峰、芙蓉嶂水库、洪秀全祖墓位于龙口咽喉位置，为气息进出之地，自然为气聚之处。

这三列山龙共同结成的"龙穴"地带，就像是3条巨龙向珠江三角洲平原吐出的"龙珠"，特别是芙蓉嶂这地方又处于这龙珠"龙穴"的龙口咽喉位置，更是绝佳气聚的穴地。

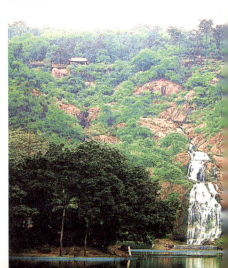

芙蓉飞瀑从龙王古庙下方直流而下，像是"天龙垂涎"

六百年后王者出

赖布衣是江西省定南凤岗村人，约1276年（宋朝末年）出生于风水名门世家，原名赖文俊，布衣是他的自号。他少年时，就得到父亲赖澄山的真传，18岁开始行走江湖，以风水相术为生。

话说赖布衣在芙蓉嶂住了几天，便告别村民离开。后来据说他又跟踪着"龙脉"的走向，去了广东南海、顺德、番禺、宝安，直到香港九龙住下一段时间，然后租一小船去海南岛，从此销声匿迹，不知所终。

大约600年后，洪秀全创立太平天国成为"王者"，应了宋代风水大师赖布衣在芙蓉嶂"六百年后必有王者出"的预言。

洪家祖辈只是农民，而洪三公的第六代传人洪秀全却创立了太平天国，从风水角度看，这或许与洪家祖坟选在芙蓉嶂这极佳风水穴位有一定关系。

清朝嘉庆年间，广东梅县石坑镇有洪族一支全家迁来花县福源水村定居，洪三公为始祖，不到两年，洪老汉逝世，初葬于福源水村附近。洪三公的二儿子洪英伦稍懂风水相术，他得知赖布衣关于芙蓉嶂的风水诗后，便按照诗中所指，到芙蓉嶂察看，见果然为风水宝地，于是选定位置和时间，把父亲尸骸迁葬到此。

后来，也有陈济棠在这里葬母的一段古：

话说在20世纪30年代，陈济棠就任国民革命军第一集团军总司令，掌握广东军政大权，人称"南天王"，同蒋介石分庭抗礼。陈济棠及其胞兄非常迷信风水，命风水先生遍历广东名山大川寻觅坟穴福地。

风水先生访得太平天国天王洪秀全有一祖坟在花县芙蓉嶂，是"正穴"，应出真命天子，但葬的位置和方向有误，洪秀全才功败垂成，只做了短命天王。风水先生于是在这地方用罗盘反复勘察，最后选定了洪秀全祖坟背后百米之处的"真穴"。陈济棠遂买下这个山头，将其母骨骸从广西防城移葬于此。

不过，这坟墓葬后不久，陈济棠的空军背陈投靠了蒋介石，使他反蒋独立的计划以失败告终而逃亡海外。

芙蓉嶂水库像一条龙，洪秀全祖坟就骑在"龙"背上（景区图）

芙蓉嶂风水在奠定了洪秀全的"天王"历史地位后，而没有再次给陈济棠通往"王者"的成功之路。

这主要是，从古代风水学说角度，好的风水运局，除了山川形胜较佳外，还与下葬的时机有关（好比人的出生时辰），并时运到了或才会发挥效应，就如同土壤上的庄稼在合适的季节播种和生长，才会有相应的好收成。

其实，佛家讲不住于心，讲随缘，道家讲顺其自然，平常心处世，太追求法术，如果偏离正道，即使一时发达，也会透支了未来的福报。对佛道两家来说，积德行善，就是最好的风水，时机到了，福报自然来。

陈济棠将其母骨骸移葬于芙蓉嶂风水"好穴"，试图快速称霸，但好景不长，以逃亡海外告终。

而洪老汉的二儿子得知赖布衣芙蓉嶂的风水诗后，把父亲尸骸迁葬到芙蓉嶂，也是有"心"而为。后来，洪老汉的第六代传人洪秀全尽管创立了太平天国，但结局不好，不过也算是创立过一番"伟业"，留名史册。

洪秀全在广西发动了震惊中外的太平天国起义后，清廷对洪秀全祖坟悉加掘毁，并其坐山概行凿断。这仿佛也起到了部分作用，或许断了这一带的"王者之气"，而没能实现赖布衣"代代出公侯"的预言。

到现代，由于持续数月干旱，1990年底芙蓉嶂水库几乎干涸见底，许多过去被水淹没的坟墓露凸了出来。

于是，芙蓉嶂"土地坛"脚下南距陈母墓100多米的地方，被发现凸起了古坟数座，有迁来花县福源水村定居之洪族始祖"洪三公"之墓，此外还有几座洪氏祖墓。

可见，洪氏始祖坟并未被毁，也未被挖。芙蓉嶂水库是现代建成的，但水库所在地以前也是潭水，接纳西山瀑布之水流入，可能由于当时潭水淹盖靠近水边的洪氏始祖坟墓，使其未被发现，但水淹坟墓或许也不吉祥，或寓意着"灭顶"，后来洪秀全遭到了"灭顶"之灾。而当时潭水出水口，也关锁不紧，"龙气"未能够较好积聚。

另外，从地形看，滑石山脉和青云山脉余脉至广州花都区中途，在广州从化区鳌头镇、龙潭镇一带有所断开，为"龙颈"断裂，山脉龙气绵绵之势有所阻断，这或许使"龙头"结穴之地的"龙气"受到一定程度的影响。

1853年3月29日洪秀全带领太平军进入南京，改都名"天京"（花都区洪秀全纪念馆图片）

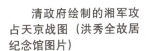

清政府绘制的湘军攻占天京战图（洪秀全故居纪念馆图片）

岭南形胜行 黄智华

洪秀全故居现"五爪金龙"

洪秀全故居位于广州花都区新华街大埔乡官禄布村，建筑为泥砖瓦木结构，坐北向南，东西宽 16.5 米，南北深 5.5 米，为一厅五房，每间房子约 13 平方米，6 间相连，客家人称为"五龙过脊"。

洪秀全的居室是一单间小屋，泥墙，无间隔。洪秀全在故居居住生活了 30 余年，青少年时期在此度过。

原故居于金田起义后被清军焚毁。1961 年广州市文物考古队发掘出房屋墙基，参照客家民居形制重建。

现在的故居附近建有洪秀全故居纪念馆，洪氏宗祠辟为纪念馆辅助陈列室。

洪秀全在清嘉庆十八年（公元 1814 年）十二月初十生于广东花都福源水村，不久后全家移居到官禄布村。洪秀全青年时期与冯云山、洪仁玕等人在家乡组织"拜上帝会"，进行革命宣传活动。1851 年，洪秀全在广西金田举行武装起义，领导太平天国运动，1853 年（咸丰三年）以南京为首都，并将其改名为天京，1864 年（同治三年）他在天京病故，太平天国在他去世后不久覆亡。

洪秀全领导的太平天国运动席卷了大半个中国，是中国农民战争史上规模最大、历时最长（14 年）的一次革命，对清王朝乃至整个中国近代史造成了深远的影响。

洪秀全故居纪念馆前洪秀全塑像

官禄布村是洪秀全早年成长、耕读和从事早期革命活动的地方

洪秀全故居

洪秀全早年手植的龙眼树呈"五爪九支"（官禄布村）

洪秀全故居官禄布村所在区域地形图（花都区洪秀全纪念馆）

洪秀全故居一带就像"龙口"吐出来的"舌头"
(地形图出自广东省地图出版社2014年1月第2版《珠江三角洲地图集》，图中所插标记为作者所加)

洪秀全故居前方有一口鱼塘，水塘旁边有一棵形状奇特的龙眼树，是洪秀全青少年时期亲手种植的，据说在太平天国失败那年，它被雷电从中间劈成两半。

当时清政府曾借此残枝示众，并扬言谁敢再造反就像这棵树一样遭雷劈死。可是这棵树后来非但没有死，反而奇迹般地活了下来。

这棵形状奇特的龙眼树，当地人称五爪金龙树。从姿态看，该树的确是伸出五爪树干，而且更为奇特的是五爪树干分出了九支，或许寓意着洪秀全登上"九五"之尊，获得帝王的尊位。

我在前面说过，青云山脉（包括另外两列山龙）在花都形成"龙头"结穴之地，并形似张开的龙口，其以盘古王山等为上颌，花东镇九龙潭森林公园等为下颌，而洪秀全故居西面靠山是蚬子岗一带山地，这列山地就像是上述"龙口"所吐出来的舌头，但这"舌头"是"龙气"突然吐出，气猛而不持续，这或许应上了洪秀全的气运来得迅猛而最终后继乏力。

另外，洪秀全故居前方的天马河自西北向东南而流，经过故居流过一段后突然转弯向南，河面变宽，水口关栏不紧，这使"龙气"难有效收聚。

岭南山水经

岭南形胜行 黄智华

南昆山支脉吐出白水仙瀑

相聚珠江三角洲九列山系的第六列山龙，为九连山脉。九连山脉位于赣粤边界，处南岭东部的核心部位，山脉呈东北西南走向。

九连山脉因环连赣粤两省九县，并有99座山峰相连而得名，是赣江与东江、东江与溢江的分水岭。九连山脉保存有较大面积的原生性常绿阔叶林，素有"生物资源基因库""赣江源头"之称，主峰黄牛石位于赣粤边境，海拔1430米。

九连山脉北连江西的龙南、全南、定南，东北接武夷山脉，东连广东和平县，西接广东翁源县，西南延伸到广东惠州龙门县天堂山水库、惠州龙门县桂峰山、惠州龙门县南昆山、广州从化区流溪河国家森林公园、广州从化区石门国家森林公园、广州增城区大封门森林公园，以及广州从化区大金峰生态景区，最终在广州黄埔区莲塘白玉兰森林公园、广州白云区帽峰山森林公园、广州黄埔区天鹿湖森林公园、广州天河区东北部凤凰山脉、广州天河区火炉山森林公园、广州天河区龙眼洞森林公园、广州萝岗风景区、广州萝岗香雪公园、广州义务植树公园，以及广州市区白云山、越秀山、越秀老城区，等等，这一片山地结穴，这片结穴山地形似一个张口的龙头。

九连山脉与青云山脉之间有连平河、流溪河，受该两列山系护守，并构成九连山脉这第六列山系江流龙脉。

流溪河为珠江水系北江支流，全长157公里，主源头地为从化吕田镇与惠州龙门县交界的桂峰山至大岭头一带。流溪河从北到南流贯从化区，再流过钟落潭等地，汇入花都的白泥河，经珠江三角洲河网注入南海。

从化石门国家森林公园（位于大岭山林场范围内）是九连山脉南部南昆山与青云山脉的接合部，海拔800米以上的山峰数十座，其中与南昆山交界的最高峰天堂顶海拔1210米，为广州地区山峰之最。

南昆山位于惠州市龙门与广州市辖区的增城、从化的交界处，被誉为"南国避暑天堂"，

白水寨风景区

主要景点有龙峡漂流、川龙瀑布、七仙湖、石河奇观、观音潭、一线天、竹柏凉园、九重远眺、将军拜佛等。

在南昆山脉的广州增城区派潭镇地带有白水寨群峰，形成山岳型风景名胜区。景区内群峰挺拔，海拔在1000米以上的山峰就有9座，其中最高峰为海拔1088米的牛牯嶂，其山体高大而险峻。

白水寨风景区拥有原始森林、浅滩湿地、峡谷天池等广东罕见的自然生态资源，其中从高828米白水寨山顶飞流直下的落差高达428.5米的白水仙瀑，为中国内地落差最大的瀑布，其形态优美，洁白纯净，相传为八仙之一的何仙姑的化身。

何仙姑本名何秀姑，是广州增城小楼新桂乡人，生于唐朝武则天年间。传说何仙姑13岁时入山采茶而遇见一位道士，道士给她吃了一个桃子，从此不饥不渴，洞知世事休咎，后于唐中宗景龙年间白日登仙。现增城小楼镇有何仙姑家庙。

何仙姑家庙附近正果镇有正果佛寺，寺为供奉宾公生佛（又名牛仔佛）而建。宾公为今正果镇人，生于宋景祐年间，生秉异质，出生时跪地双掌合什，朝天礼拜。他早悟禅宗，8岁到名山寺出家，苦练修行，功德圆满，真人肉身圆寂，僧徒遂以肉身装塑建寺祀之。

九连山脉连绵而来
（石门国家森林公园）

依我看来，九连山脉进入珠江三角洲平原的广州境内，仍有众多海拔近千米的山峰，可见九连山脉气脉雄厚而绵绵不断，而这白水仙瀑犹如这大龙脉向珠江三角洲平原吐出的"金津玉液"，滋润一方水土，带来了勃勃生气。

白水寨附近有大封门森林公园，其位于增城北部派潭镇，为南昆山支系，溪流众多，层林叠翠，水库大坝一带风景优美。

"大封门"之名传说与何仙姑有关。相传何仙姑于北宋时期聚仙会时应铁拐李之邀在石笋山位列八仙，其得道升仙后，即随前来相迎的其余七仙东赴蓬莱。临行之际，何仙姑来到她以前游玩过的派潭上九陂石人岭山顶的天池上沐浴。七仙深为何仙姑眷眷乡情所感动，为让她安心沐浴，七仙使出仙法，把上山的山门栈道封了起来。"大封门"之名由此而来。

小楼镇何仙姑家庙景区

或许，"大封门"把白水仙瀑吐出的"金津玉液"的精灵之气给"封围"聚积起来，以保一方土地风调雨顺，百姓平安幸福。

南昆山支脉大封门森林公园

岭南形胜行 黄智华

九连山接武夷山连上"长三角"

九连山脉在东北方连接上武夷山脉。武夷山脉位于江西省、福建省两省交界区域，长约550公里，海拔1000~1500米，山貌雄伟，素有"华东屋脊"之称，主峰黄岗山海拔2160.8米，为中国大陆东南部最高峰。

武夷山脉犹如一条长长的巨龙，气脉极为雄厚，其北接仙霞岭山脉、天台山脉。天台山脉位于浙江省中东部，地处宁波、绍兴、金华、温州四市的交接地带，在宁波、杭州湾、长江口结山水海穴。

宁波市区南面的奉化市溪口镇位于长江三角洲南翼，属武夷山脉、仙霞岭山脉、天台山脉一列山系所结的山水海穴范围，为风水龙穴宝地。

溪口镇东枕武山，西挹龟山，北倚白岩山，南向笔架山，东濒象山港。溪口是中国近现代政治人物蒋介石、蒋经国父子的故里，这里的历史遗迹如玉泰盐铺、丰镐房、武岭门、文昌阁、蒋母陵园、蒋氏宗祠等保护完整，堪称"民国文化第一镇"。

从总体看，九连山脉、武夷山脉、仙霞岭山脉、天台山脉，这一列脉脉相承、绵绵不断的山系，犹如一条巨龙，把珠江三角洲和长江三角洲连接起来，并把珠江口和杭州湾、长江口连接起来，也无形中把珠江和长江的"气脉"连接起来，这一东北西南走向的山系极具生气和活力，这给珠江口和杭州湾、长江口区域带来了勃勃生机。

九连山脉、武夷山脉、仙霞岭山脉、天台山脉这列连接中国经济最发达的两大三角洲的巨龙山系，除

九连山脉南部南昆山支系"大封门"水库

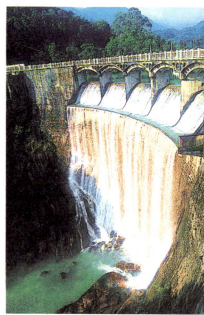

大封门水库大坝

黄埔古港遗址

广州市作家协会组织作家到黄埔古港古村采风

黄埔古村保留着大量古朴的岭南特色建筑，古舞台现成为人们庆典活动的场所

广州北京路

传统元宵节期间广州举办广府庙会

岭南山水经

了在杭州湾、长江口结山水海穴外，还在西南方的余脉白云山、越秀山和山下的广州老城区结山水海穴，尤其是这巨龙山系延伸至惠州市龙门县与广州市辖区的增城、从化交界的南昆山片区，仍有较多海拔在1000米以上的山峰，可见这列山系气脉极雄厚。

这巨龙山系的结穴区之一、处于珠江口区域的广州老城区，两千多年来一直都是华南地区的政治、军事、经济、文化和科教中心。

广州从3世纪30年代起成为海上丝绸之路的主港，唐宋时期成为中国第一大港，明清两代，为中国唯一的对外贸易大港。广州是中国海上丝绸之路历史上最重要的港口，是千年商都。市中心的商业步行街北京路是广州城建之始所在地，是广州历史上最繁华的商业集散地，是广州"千年商都"的见证。

位于广州市海珠区东部的黄埔古港古村，在中国对外贸易史上占据着重要地位，南宋时已是"海舶所集之地"，自宋代以后，长期在海外贸易中扮演重要角色，承载了广州千年商都的辉煌，保留了浓郁的岭南水乡风情和中外交流韵味。

1757年至1840年间，清政府只保留粤海关，黄埔挂号口作为贸易必经之地，黄埔古港随之闻名世界，所谓"海上丝绸之路的必经之地"，在"一口通商"期间，是我国唯一的对外贸易口岸。在这80多年间，黄埔古港异常繁忙，共停泊外国商船5000多艘，其中著名的如瑞典的"哥德堡"号和美国的"中国皇后"号。

九连山脉在西南方的余脉除延伸至白云山、越秀山结穴外，还在广州市从化区太平镇、神岗镇和从化区大金峰生态景区等一带山地，连接上前面所说的花都区的九龙潭森林公园、王子山、芙蓉嶂、盘古王山等一带"龙头"和"龙口"的山地，这使芙蓉嶂等一带山地，形成四列大山系的结穴之地，这穴地历史上出了个"洪天王"。

岭南形胜行 黄智华

罗浮山脉守护东江西行

相聚珠江三角洲九列山系的第七列山龙，为罗浮山脉，呈东北西南走向。罗浮山整条山脉在九连山脉南面，与九连山脉呈东北向西南并列而行，其在东北方过广东的河源、龙川、平远，接闽、粤、赣三省交界处的福建省龙岩市武平县（位武夷山脉最南端）。罗浮山脉与九连山脉一样，连接上武夷山脉、仙霞岭山脉、天台山脉这列。

这列山系与东江干流、东江支流增江同行，构成第七列山系江流龙脉。增江发源于新丰县七星岭。

罗浮山脉伴东江而行走，成为东江的守护神。东江流域内有新丰江水库和枫树坝水库两座大型水库，这仿佛是罗浮山脉这条山龙与东江这条水龙交感而生的山水龙穴。

罗浮山脉在惠州博罗县西北有罗浮山风景区，其位于东江北岸，横跨博罗、龙门、增城三地。

罗浮山脉结穴于广州增

惠州西湖以素雅幽深的山水为特征

万绿湖以浩瀚、水美而闻名

粤东、粤北诸山系和水系图示（该部分图示出自《广东省地图册》，广东省地图出版社2011年3月第6版，2014年12月修编）

城区和惠州城区，并通过增城区的山地和东江向东连接上前面所说的广州地区的"龙头"形穴地，故广州城区也为其结穴地所在。

惠州市位于广东省中南部东江之滨，在古代即有岭南名郡、粤东门户之称，惠城中心区有著名的惠州西湖，其素以五湖、六桥、十四景而闻名，古色古香的亭台楼阁隐现于树木葱茏之中。北宋余靖描写这一带风景时写道："重山复岭，隐映岩谷，长豀带幡，湖光相照。"

历代有400多位文人墨客曾踏足惠州，为西湖留下了宝贵的文化遗产。宋哲宗八年十月，苏轼被贬谪到惠州。惠州地处岭南，气候温暖，一年到头甜瓜香果不断，在别人眼中烟瘴之地的岭南，在苏轼眼中却是洞天福地，他赋诗曰："罗浮山下四时春，卢橘杨梅次第新。日啖荔枝三百颗，不辞长做岭南人。"

惠州城区北部有象头山国家级自然保护区，属罗浮山脉这列山龙的一部分。象头山形成于白垩纪的火成岩，主峰蟹眼顶海拔1024米，景点尤以马毛泉下之"石船"最为奇胜。石船，相传是罗浮山地行仙黄野人之遗迹。

平远县位于粤、赣、闽三省交界处，其五指石旅游区以"中国丹霞地貌盆景"著称，而境内南台山状似仰天卧佛，号称"世界第一天然大佛"。

河源市地处东江中上游，罗浮山脉呈东北西南方向斜贯河源境内。东江自北向南流经河源市区，新丰江从西向东绕城而过，两江在河源市区东面交汇，使得整个河源市区三面环水，好比河水之源头，因此而得名河源。

河源市是东江流域客家人的聚居中心。所谓客家人，是指原籍中原的汉族，历经五次的大规模南迁，在南方各省形成的具有独特风貌的客家民系。

河源最早的客家先民来历可追溯到秦朝。公元前214年，秦始皇平定南越后，为进一步开发岭南，派屠睢、任嚣、赵佗带50万兵卒驻守，还下令将数十万名"罪人"发配到岭南。

河源是优秀旅游城市，拥有广东文化名城佗城、岭南第一大湖万绿湖（又名新丰江水库）、连平内莞山水、漳溪黄龙岩、新丰江国家森林公园等人文自然景观。

万绿湖是依托新丰江水库建立起来的风景区，因四季皆绿，处处皆绿而得名，以浩瀚、水美而闻名，湖面面积370平方公里，相当于68个杭州西湖，湖内拥有360多个岛屿。

万绿湖是形胜之地，整个水库就像一条张牙舞爪的龙。居高远眺，罗浮山脉这巨龙其支脉就如龙生的九子向万绿湖潜入9条小龙一般，而伸出九支。万绿湖犹如龙的九子出生之地，充满着生气！

罗浮山脉向万绿湖伸入9条"小龙"

苏轼被贬谪到惠州，"日啖"荔枝，大饱口福（惠州西湖）

岭南千年古城龙川佗城

岭南形胜行 黄智华

　　河源市龙川县位于广东省东北部,处东江和韩江上游,县城为老隆镇。龙川县有两千多年的历史,是南越王赵佗的"兴王之地",又是秦代中原文化南下与百越文化交流的结合地,是广东最早立县的四个古邑之一。

　　《南越志》上记载:县北有龙穴山(从枫树坝水库至上坪、细坳50多公里山脉),舜时有五色龙,乘云出入此穴,东江上源在此穿(川)穴而过,故称"龙川"。

　　据龙川旧志载,龙川"居郡上游,当江赣之冲,为汀潮之障,则固三省咽喉,四周门户",为"水陆之要道"。旧县治龙川城(今佗城)是最早的龙川故城,自秦至民国,为县或州治所在,素有岭南古城之称。

　　相传南越王赵佗的谋士堪兴风水,勘察到从江西瑞金至龙川岩下的三列山脉即龙形山(龙公)、龙穴山(龙母)、龙池山(龙子),三"龙"汇合,形似巨龙,判定此地是兴王之地。赵佗采纳谋士"座岩下,拥龙川,得百越"的谋略,挥军从江西入东江上源,顺流南下,在此设五合要塞,最终称霸一方。

　　赵佗(约公元前240年—公元前137年),恒山郡真定县(今河北正定县)人,原为秦朝将领,与任嚣南下攻打百越。秦始皇三十三年(公元前214年),秦平南越,随即在番禺(今广州)设南海郡治,下辖番禺、龙川、博罗、四会4个县,因龙川地理位置和军事价值都极其重要,故委赵佗任龙川县令。龙川置县初,疆域辽阔,包括龙川、五华、兴宁、河源、和平、连平等县市全境,以及新丰、海丰、陆丰、紫金、寻乌(属江西省)等县的部分地区。

　　秦末大乱时,赵佗割据岭南,建立南越国。在执

佗城百姓街

龙川(佗城)学宫

岭南"第一井"越王井

佗城越王广场和赵佗故居遗址

政期间，赵佗一直实行"和辑百越"的政策，促进了汉越民族的融合，并把中原地区的先进文化带到南越之地，使南越得到了更好的发展。

龙川县有霍山风景区，霍山属丹霞地貌，有"丹霞山第二"之美誉。华南第二大人工湖枫树坝水库即青龙湖，处龙川县中部偏北，因其地处龙穴山山脉的龙头位置，水域形态似"龙"，湖水青绿，故得名"青龙湖"。

枫树坝水库下游至黎嘴镇河段有龙川九龙湾，全长13公里，九曲成九湾，一湾一龙潭。相传秦朝时，赵佗统领大军征百粤，天上玉皇大帝差遣九龙神为赵佗大军保驾南征。赵佗平定百粤后，九龙神依恋此间美景，奏请玉皇大帝准落居此地，九龙湾由此得名。

佗城镇位于龙川县境最南端，为旧县治龙川城，是岭南文化的发源地、客家人始祖地之一。佗城历史悠久，古迹颇多，现存赵佗故居遗址、越王庙、越王井、考棚、正相塔、孔庙（学宫）、姓氏祠堂、坑子里文化遗址等。

4.1万人口的佗城镇有姓氏179个，其中该镇仅2000多人的佗城村竟然包容了140个姓氏！可谓中华姓氏第一村！这使2000多年前秦朝50万南下大军下落的千年史谜得到解开。

浰江于和平县东水镇注入东江后，东江往南流，在龙川县城老隆镇形成转弯转向西南，并于佗城进一步转弯，在佗城的江面上有一岛屿，使江流放缓、聚气。山水形势所谓"曲则有情"，龙川老隆镇和佗城镇为气聚之地。

经过这两个转弯，东江流向从基本由北向南，转为向西南方。同时，东江在龙川由北向南穿出罗浮山脉，而转向西南，进入罗浮山脉与莲花山脉支脉之间行走，并最终流入珠江三角洲平原，在这两山脉之间的东江两岸形成了一条通往"珠三角"的陆地通道，这一通道为古代中原随东江在粤东北方进入岭南的重要通道。龙川县城老隆镇和佗城就处于东江穿出罗浮山脉进入陆地通道的门户位置，可以说是扼水陆之咽喉要道、四周之门户，是形胜关防要地。

另外，东江至河源市区处，新丰江流入东江，两江相聚，"龙气"在此得到补充和生息，河源市区也成为"龙穴"之地。东江流至惠州市区来了个转弯，由西南流向转为西向并流入"珠三角"，同时支流西枝江也在此流入东江，另外罗浮山脉与莲花山脉"气脉"在此交汇，使惠州市区成为"气聚"之地，并为"珠三角"东面、东北面关防的最后屏障和门户。

东江这条巨龙进入岭南在枫树坝水库、龙川老隆镇和佗城、新丰江水库、河源市区、惠州市区，结出了富有生气的"龙穴"，事实上这些地方为人丁兴旺的重要城镇。

龙川县城老隆镇位东江由北转向西南的拐弯处

岭南山水经

岭南海经

粤西沿海山系似蛟龙

相聚珠江三角洲九列山系的第八列山龙，为粤西沿海丘陵山地系列，即阳春八甲大山、阳江海陵岛、阳江紫罗山、川山群岛（上川岛、下川岛山地）、台山市北峰山、江门市古兜山，和珠海市的凤凰山、将军山等丘陵地带，以及中山市的五桂山、竹篙山等连成的一列，构成珠江出海口西边的守卫，结穴于五桂山、中山、珠海、澳门。

另外，在肇庆地段结穴的第一列山龙，在云浮市向东南方伸出一支脉山系，与第八列山龙的结穴位中山市的五桂山、珠海市交汇，这列支脉山系由云浮市合水鹿田森林公园、佛山市高明区云勇森林公园、鹤山市大雁山森林公园、江门市圭峰山国家森林公园等连成，护守西江在珠江三角洲的佛山三水区至磨刀门的河口段。

第八列山龙以中山、珠海、澳门一带的丘陵山地为"龙头"，海陵岛、川山群岛为"龙爪"，一条龙形活灵活现。

这一列与粤西沿海河系、西江河口段构成第八列山系江流龙脉，同时镇守海岸，并与大海构成山水海龙脉。

在粤西沿海河系中，潭江干流长 248 公里，发源于广东省阳江市牛围岭山，自西向东流经恩平、开平、台山、鹤山、新会等地，在新会双水附近折向南流，

万山群岛像一艘艘巨舰驻守于珠江口，被称为万山要塞

于新会崖门口入海。

这列山系的八甲大山位于阳春八甲镇，有仙湖、白水瀑布、峨凰嶂等景点，主峰鹅凰嶂海拔1337.6米。八甲大山双髻顶峰下有白水瀑布，瀑布垂直落差226米。

海陵岛是广东第四大海岛，位于阳江市西南沿海，被誉为一颗镶嵌在南中国海岸上的明珠。

紫罗山处于阳江，东与台山市交界，北与恩平市接壤，南面临海，发脉始于恩平市凤凰山东麓。紫罗山连绵数十里，主峰海拔793米，山多藤萝，日晒生紫烟，故又名烟萝山。传说唐朝时，山上有瑞光烛天，恩州守上报朝廷，奉命开山发掘，于丛石中掘出一石龛，内藏一函大佛经，始知瑞光发自经，曾有碑记其事。碑旁有响水潭，水声沉雄如鼓如雷，土人相传曾有蛟龙出现，故其曾又名瑞灵山。

川山群岛位于台山市，其中最大岛屿是上川岛与下川岛。上川岛的飞沙滩与金沙滩之间有乐川大佛，其高6.8米。

北峰山位于台山市东北部，主峰海拔922米，外貌酷似日本富士山，被誉为"台山富士山"。北峰山森林公园以花、果、山、林、石、溪、藤、瀑为八大特色。

古兜山位于江门新会西南端，是新会与台山的界山，其三面环山，一面平坦，中间抱着一湖泊，似篸状如兜，故得名"古兜山"。古兜山濒临南海，扼崖门出口之咽喉，绵亘数百里，峰峦叠翠，主峰狮子头山海拔982米，是广东西部沿海最高峰，山峰就像一只俯卧在山顶上的雄狮，狮头向着新会，狮尾朝着台山。

圭峰山是岭南名山，位于江门新会境内的西北部，因山形似圭璧而得名，主峰云峰，海拔545米，山上常年水气蒸腾，云雾缭绕，形成"云峰烟雨""东岭晨曦"等自然景观。山上有千年古刹玉台寺，乃历代名儒硕彦讲学、修身之地。唐代一行僧曾于此观天象、测经纬，宋代苏东坡曾到这里游览题诗，明代理学家陈白沙也曾在此讲学。

台山市上川岛

圭峰山麓有紫云观，其具有悠久的历史传承，唐宋以降，古冈州（新会）象山上有一紫云洞，为道教一直承传和布教活动的地方，后来被毁于战火，现代易地在圭峰山麓重建，并正名为紫云观。

凤凰山是珠海市内面积最大和最高的山脉，处于珠江三角洲地区最前沿，与香港大屿山共同组成"珠三角"门户的前卫。

江门市新会圭峰山麓有紫云观

五桂山是中山市唯一的山系，为珠江口最高峰，也是中山十景之一。

中山市五桂山

粤西海滨第一滩

上面所讲的第八列山系龙脉，就像是伏在粤西海岸的一条龙，穿越茂名市、阳江市、阳春市、江门市、珠海市、中山市等沿海城市。这一地带有着美丽的海岸风光景观。

粤西茂名市电白区滨海公园有"中国第一滩"之称的十里银滩，之所以称这里为中国第一滩，是因为这里有三个中国第一：

首先，这里的林带是全国第一条营造成功的最长的沿海防护林带，全长80多公里；其次，距岸8海里的旅游景点放鸡岛，其周围海水的透明度为国内潜水基地堪称第一，能见度达10米。

此外，中国第一滩还有长达12公里、宽约300米的碧海银滩，海水晶莹，温度适宜，同时可容纳近10万人畅游和观光。

放鸡岛位于茂名市电白区东南14.5公里，原名汾洲岛，又称为湾舟岛。岛上最高点达122米，面积1.9平方公里。放鸡岛就像一只公鸡，故名。

放鸡岛是海岛公园，自然风光秀丽，景点有鸡头景区、黄金沙滩、海螺广场、海景公园、野菠萝公园、许

茂名市电白区"中国第一滩"

放鸡岛自然风光秀丽

阳西县沙扒镇沙扒湾

放鸡岛上形似海龟的巨石

愿树景区等。另外，这里还有形似鸡冠、狮子、海龟等巨石景观。放鸡岛上有天后宫，供奉海上女神妈祖（林默）。

在放鸡岛度假，享受的是自然之乐，在海中畅游，光着脚在沙滩闲游，沐浴着海风，躺在柔软的沙滩上，望着隐隐约约的星星，似乎在想着什么，又似乎没想着什么，享受着此间的宁静，让人进入一种心身放松的状态。

月亮湾和沙扒湾，是粤西阳西县沙扒镇南海之滨的美丽海湾，这里海水清澈，空气清新，环境优美。

沙扒湾所在的沙扒镇颇有休闲旅游小镇的特色，海底燕窝、姜汁豆腐花、鲜榨椰汁等小吃，美味可口，令人流连忘返。

岭南海经

放鸡岛上形似狮子的巨石

放鸡岛天后宫

阳西县沙扒镇月亮湾

春湾石林龙宫岩鬼斧神工

阳春市属于上面所讲的粤西海岸山龙系列的范围，位于广东省西南部、漠阳江中上游，意取漠水之阳，四季如春。阳春市地处云雾山脉、天露山脉中段与八甲大山之间。

云雾山脉、天露山脉是粤西海岸山龙（第八列山系龙脉）的靠山。云雾山脉大部分坐落在粤西的信宜、化州、高州、阳春、罗定一带，以山顶长时间云雾笼罩，终日云雾缭绕而名，海拔千米以上山岭80多座，山脉腹地信宜的大田顶海拔高达1704米。云雾山脉与云开大山东向的余脉在大雾岭大山一带连结，造就了粤西最高峰大田顶，并且形成附近17座海拔1400米以上的高峰。

天露山脉分布于新兴县与开平市、恩平市、阳春市之界，西端与云雾山脉交汇于新兴县天堂镇。天露山主峰位于新兴县里洞镇与开平交界，海拔1250米。天露山历史文化底蕴深厚，拥有六祖惠能潜身修佛的遗迹，以及唐贞观二年(公元628年)起分别修建的岱山寺、禅源寺和龙王庙等遗迹。

如果从大范围地形看，西江以南的广西大容山和粤西的云开大山、云雾山脉、天露山脉，这一大片山系与上述粤西海岸山龙连起就像一头巨凤，共同构成第八列山系龙脉。

阳春市旅游资源丰富，文化古迹众多。其中，距阳春市区40公里的春湾景区，有慈云岩与通天蜡烛、龙宫岩、春湾石林3个主要景点。

慈云岩与通天蜡烛在春湾镇中山公园内，隔湖相望，该岩是阳春著名的古迹之一。通天蜡烛是立于湖

春湾镇中山公园"通天蜡烛"

春湾镇中山公园石峰群

龙宫岩"龙宫浮雕"

春湾石林"石剑峰"

水中的一根石柱，峰顶有一石凸起，似烛芯一般，因形如巨烛，故得名。其高近100米，底宽30米，是春湾石群中拔地擎天的圆柱形奇峰。

龙宫岩属于长廊式溶洞，洞长1400米，龙泉溪水清澈，"龙王水族"栩栩如生。岩洞内分迎宾廊、龙王殿、聚宝库、龙母阁四段，其中龙宫浮雕、金钟、宫壁绣锦、镇宫宝塔、定海神针、金玉龙床、龙宫罗帐、龙女浴池、龙母阁等景点逼真传神，令人叹为观止，犹如进入了海底龙宫之中。岩洞外有龙母殿。

春湾石林距龙宫岩600米，是一大片石林，由石剑峰、马头峰、骆驼峰、熊猫峰、雄鸡峰等6座石山峰峦组成，最壮观的是石剑峰（又名"百页剑门"），犹如无数利剑直刺青天，故名。

进入石林中，有似"雄鹰"展翅、童子拜观音、猛狮过岭、仰天嗥叫的"野狼"等奇峰怪石。

这春湾中山公园湖水中的石群包括通天蜡烛，以及春湾石林（石剑峰等），位于粤西海岸山龙（第八列山系龙脉）靠山的背脊上，犹如这列"龙"身上的鳞甲，抵挡着煞气；而龙宫岩洞穴好比是龙穴，是龙气栖息聚气之地，也是龙母龙女生育、生气之所。

岭南海经

春湾石林『百页剑门』

龙宫岩"宝塔镇鳄鱼"

龙宫岩『金钟』

南国洞府凌霄岩崆峒岩

岭南形胜行 黄智华

阳春市河朗镇凌霄岩以雄伟壮观著称，被誉为"南国第一洞府"，具有喀斯特岩溶地貌特征。

凌霄岩高100米，游览面积达3万多平方米，沿着"百步云梯"至凌霄宝殿，有"寿星迎宾""灵芝巨柱"等景观。从观景台望去，19条钟乳石擎天巨柱犹如19条龙，直撑岩顶，令人恍如身临仙境。

玉溪三洞距凌霄岩6公里，由漠阳江上游河水穿透三座石山溶洞而成，洞中地下河长3公里。

崆峒岩（崆峒禅寺）位于阳春城西，始建于明代万历年间，有中国"第四崆峒山"之称，故又名"四崆峒山"。

山下有岩洞，洞中有寺，寺外有山峰，大洞通小洞，洞内钟乳石姿态各异，石林似人似物，栩栩如生。洞中存有元、明、清各代摩崖石刻近100幅，以及置立有中国第一尊"四方佛"。

凌霄岩"凌霄大厅"

崆峒岩内钟乳石姿态各异

凌霄岩内有张口的"怪兽"

崆峒岩内有我国第一尊"四方佛"

漠阳江上游河水穿透玉溪三洞

开平碉楼与村落

开平市属于上面所讲的粤西海岸山龙系列的范围，东南近台山，西南接恩平，西北邻新兴，潭江自西向东横贯市境。

开平市的游览景点有开平碉楼与村落、立园、赤坎欧陆风情街、南楼纪念公园、梁金山风景旅游区等。

开平碉楼与村落是世界文化遗产，是集防卫、居住和中西建筑艺术于一体的多层塔楼式乡土建筑。

"大观园"式的立园

开平碉楼建造源于明朝后期，到19世纪末20世纪初到达鼎盛，其历史作用主要是"以避盗匪"。开平位于新会、台山、恩平、新兴四地之间，当时为"四不管"之地，土匪以及海盗猖獗，加上河流多，每遇台风暴雨，洪灾频发，一些华侨为了家眷安全，财产不受损失，在回乡建新屋时，纷纷建成各式各样碉楼式的楼房，最多时达3000多座，成为中国华侨文化的纪念丰碑，现仍有大大小小1833座碉楼散落在开平各个乡村中。

立园是以《红楼梦》描绘的大观园为依托建造的园林，其将中国传统园林、岭南水乡和西方建筑风格融于一体，在中国私人建造的园林中堪称一绝。它的意境是"小桥、流水、人家"。

开平自力村碉楼

开平碉楼与村落位于上面所讲的粤西海岸山龙（第八列山系龙脉）靠山的背脊上，其奇特的建筑也犹如这列山"龙"身上的鳞甲，守护着一方水土，抵挡着来自海上的"煞气"，如海盗、台风、洪灾等。

开平碉楼集中西建筑艺术于一体

岭南形胜行 黄智华

中山翠亨村山环海抱

上面所讲的粤西海岸山龙（第八列山系龙脉）自西而东在五桂山一带结穴，五桂山是中山、珠海两市的屋脊。中山市前身为香山县，因境内有终年花草芬芳的香山（即五桂山）而得名。

一代伟人孙中山的故居位于中山市翠亨村，从山川地形看，翠亨村西靠群山起伏的五桂山脉，南、北、西三面山峰环绕，东临珠江口，东面所临珠江口江面有马鞍岛和淇澳岛左右守卫。

山环能聚天地灵气，是稳住气场的格局，水能生气，是通达的象征。翠亨村一带是山环水抱、藏风聚气、生气蓬勃的风水宝地，也是粤西海岸山龙的龙头结穴区域所在。

孙中山故居是一幢砖木结构、中西合璧式的两层楼房，并设有一道围墙环绕着庭院。故居坐东向西，占地面积500平方米，建筑面积340平方米，是孙中山长兄孙眉于1892年从檀香山汇款回来由孙中山主持建成的。

正门上有一副对联"一椽得所，五桂安居"，是楼宇落成后孙中山亲笔撰写的。庭院右边设有一口水井，水井的周围（约32平方米）是孙中山诞生时的旧房所在地。

孙中山故居

孙中山故居前公园立有"中山鼎"，纪念孙中山推翻帝制

翠亨村西靠五桂山脉

大榕树下，童年时代的孙中山听老人讲太平天国反清故事

1893年冬，孙中山曾在故居书房写过著名的《上李鸿章书》，提出"人能尽其才、地能尽其利、物能尽其用、货能畅其流"的主张，1895年与陆皓东在此书房商讨救国方略。

故居庭院前的大榕树，是他童年时代常常听参加过太平军的冯观爽老人讲述太平天国将领反清故事的地方。

故居庭院南边有一株酸子树，为孙中山1883年从檀香山带回来种子亲手所栽种。

故居前广场已辟为公园，故居旁建有孙中山纪念馆，收藏并陈列了许多珍贵文物，供人瞻仰。

1866年11月12日，孙中山出生于翠亨村一个普通的农民家庭，10岁入村塾读书，12岁到檀香山读书，17岁时回国，1884年与本县卢慕贞女士结婚。1886年至1892年，孙中山先后在广州、香港学医，毕业后在澳门、广州行医，并致力于救国的政治活动。

1894年，孙中山上书李鸿章，提出革新政治主张，被拒绝，使他认识到只有革命推翻清政府，才能救中国，于是赴檀香山联络华侨，宣传革命，组织建立中国最早的资产阶级革命团体兴中会，提出推翻清朝政府、建立资产阶级民主共和国的主张。

辛亥革命后，孙中山被推举为中华民国临时大总统。1925年3月12日，孙中山在北京逝世。

孙中山是中国近代伟大的民主革命先行者，他首举彻底反封建的旗帜，"起共和而终两千年封建帝制"。

1912年1月1日，孙中山在南京宣誓就任中华民国临时大总统（孙中山故居纪念馆油画）

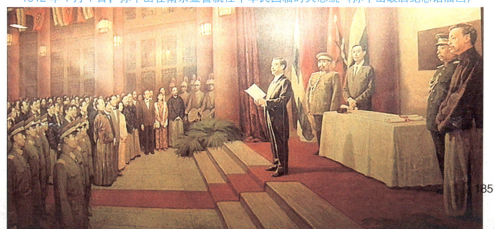

岭南形胜行 黄智华

莲花山脉"五爪"伸出大海

相聚珠江三角洲九列山系的第九列山龙，为绵亘粤东沿海的莲花山脉。

这一列与粤东沿海河系交融，以及与韩江、梅江、西枝江自东北向西南同行，共同构成第九列山系江流龙脉，同时镇守海岸，并与大海构成山水海龙脉。

韩江源出赣、闽、粤三省交界山地，上游由梅江和汀江组成，梅江为主流，发源于广东省紫金县上峰，汀江和梅江在广东省梅州市大埔县三河镇三河坝汇合之后，称为韩江，而由广东省潮州市湘桥区广济桥分流至入海口，为韩江的下游。韩江下游地处三角洲平原，地势平坦。韩江流域范围包括广东、福建、江西三省部分区域，是广东省除珠江流域以外的第二大流域。

西枝江为东江第二大支流，发源于广东省紫金县竹坳，西南流向，于惠州市东新桥汇入东江。

莲花山脉因山峰高耸入云，形似含苞莲花，故得名"莲花山"。莲花山脉支脉众多，千米山峰数不胜数。莲花山脉是广东东南沿海诸多河流的发源地，如韩江的南源就位于莲花山脉，粤东榕江的北源亦发源于莲花山脉。

在我看来，莲花山脉形似一条龙，并向粤东沿海分出五支脉为"五龙爪"，一支为潮州市、汕头市一带的凤凰山（可视为莲花山脉支脉），并延伸过海至南澳岛；第二支为普宁市南阳山系（主峰峨眉嶂，海拔980米），以及横跨潮阳、普宁、惠来三地的大南山系（主峰望天石，海拔972米）；第三支为汕尾市、红海湾与碣石湾之间的遮浪半岛；第四支为延伸至惠州市惠东县南部巽寮镇大亚湾与红海湾之间的稔平半岛；第五支为延伸至深圳市东南部的大鹏半岛。

莲花山森林公园"莲花大佛"

莲花山森林公园内有鸡鸣寺

汕头市潮阳区有莲花峰

上述第二支中，潮阳有莲花峰，位于练江入海口处，该景区有著名的文天祥望帝处。公元1278年，南宋文天祥举兵勤王，登峰寻望帝舟，后人遂命名并刻石为"莲花峰"。

　　莲花山脉主干呈东北西南走向，东北起梅州阴那山一带，穿越潮州市、汕头市、揭阳市、汕尾市，至惠州惠阳区分出两支脉，一支伸向西面，经东莞银瓶山森林公园、广东观音山国家森林公园、东莞大岭山森林公园，至东莞市区、水濂山森林公园结穴；另一支伸向西南面，经马峦山郊野公园、广东梧桐山国家森林公园，至珠江口的深圳、香港及其各海岛结穴。

　　在结穴入海处的香港地区，形似张着大口的龙头，其中香港大屿山岛为该"龙头"吐出的"舌头"，万山群岛、担杆列岛为"龙头"所吐出的"龙珠"。

　　莲花山脉建有"莲花山森林公园"，位于海丰县，公园内的"莲花大佛"、鸡鸣寺是莲花山脉这条"龙"的"灵韵"所在。

　　莲花山脉似龙形，主体就像"龙"的背脊，并有"龙头""五爪"和"灵韵"，守护着南粤东部海岸。

　　莲花山脉在广东省外的东北方接浙闽丘陵沿海地带，包括福建省的武夷山、戴云山脉，浙江省南部洞宫山脉、浙江中南部括苍山脉、浙江温州市雁荡山、杭州市临安县天目山，并出杭州湾结山水海穴，这便把珠江口与杭州湾、长江口连接了起来。实际上，广东的莲花山脉、罗浮山脉、九连山脉在省外共同连接上浙闽丘陵，再连接上了杭州湾、长江口，所以这三条山脉可视为同源同根。

　　岭南有两大水系流域，即珠江水系流域和韩江水系流域，这两大水系流域分别形成了珠江三角洲和韩江三角洲。如果以江河和大海比拟龙，来自陆地的江河为"阳"龙，大海为"阴"龙，那么入海口处的河口冲积平原（三角洲）是江河与大海这"阳"龙和"阴"龙交感之所，是生气孕育、生机勃发之地。

　　岭南有两大山系，即南岭山系和莲花山脉山系，均似龙形。南岭山系及其支脉与西江、北江、东江等珠江水系同行和交融，并"龙气"聚于珠江三角洲，构成大龙穴；莲花山脉也与韩江水系同行和交融，并"龙气"聚于韩江三角洲，也构成龙穴，韩江三角洲为莲花山龙脉的"下身"。

　　这两大山系、江流地域，分别形成两大相对自成体系的自然山水地理环境。

潮阳莲花峰位于练江入海口处

岭南形胜行 黄智华

"凤凰"来仪　阴那山显"灵光"

莲花山脉属于两广丘陵一部分，主干在东北方，起于梅州阴那山（1297 米）一带，经铜鼓嶂（1559 米）、鸿图嶂（1277 米）、淡桥山（1020 米）、莲花山（1336 米）等高山，向西南方延伸 300 余公里，至惠州一带，余脉再延至香港、深圳等地及其各海岛。莲花山脉主峰位于海丰县的莲花山，最高峰为丰顺县的铜鼓嶂，以上各高山为莲花山脉这条"龙"的背脊椎骨。

阴那山位梅州市梅县区与大埔县交界处，为莲花山脉与凤凰山脉的交接地带。阴那山处于莲花山龙脉的"骶骨"（腰椎之下）位置，是形胜之地。梅州市梅江区、梅县区位于莲花山脉这条"龙"的腰椎和腰椎的"命门"穴位。

如果从大的格局看，莲花山脉在东北方接连上浙闽丘陵。浙闽丘陵地形上，呈现山岭连绵，丘陵广布。莲花山脉连上浙闽丘陵，整体就像是展翅的凤凰，莲花山脉是伸出的颈部和头部，浙闽丘陵是身体和翅膀，呈现出"凤凰"扑饮珠江口和守护珠江口的格局。

莲花山脉与浙闽丘陵之间有凤凰山脉（可视为莲花山脉支脉），山势嵯峨挺拔，主峰海拔 1497 米，素有"潮汕屋脊"之称。

传说古时，有一只金凤凰，在这座山的山窝里下了两只蛋，孵化成两只雏凤凰。这两只凤凰经过修炼，终于得道，哪里有灾难，它们就会出现，百姓就可得安宁。由于这一带"凤凰显圣"的奇闻，人们就把当地的这座大山起名为"凤凰山"。

这凤凰山是莲花山脉与浙闽丘陵的连接地带，且有"凤凰显圣"的传说，是莲花山脉和浙闽丘陵这一形似"凤凰"山系的灵韵所在，并使这一山系不仅有"凤凰"之形，而且有"凤凰"之"神韵"。

南岭山系形似一巨龙，而这莲花山脉连上浙闽丘陵形似一头巨凤，于是，岭南大地呈现了龙腾凤随、龙凤交感呈祥的好气场。

梅州市（特别是梅江区、梅县区）位于这头"凤凰"颈部与身体背部的交接位上，为骑"凤"背格局，"贵"不可言。

梅江区、梅县区所在地为梅州盆地，位五岭山脉以南，梅江在这里转弯而流，"龙气"有所停顿，而四面环山，武夷山

叶剑英元帅铜像（叶剑英纪念馆前）

莲花山脉与浙闽丘陵连起来像凤凰（该图出自《中华人民共和国地形》，星球地图出版社 2011 年修订版，图中图形和"梅州"标记为作者所加）

叶剑英故居坐落在虎形山下

梅州市和阴那山是形胜地（该部分图示出自《广东省地图册》，广东省地图出版社 2011 年 3 第 6 版，2014 年 12 月修编）

脉、莲花山脉、凤凰山脉等三大山脉来聚，这一盆地为三大山脉和梅江交融的地带，是聚气"龙穴"所在，为一大"洞天"福地。

梅州市地处闽、粤、赣三省交界处，下辖梅江区、梅县区、兴宁市、大埔县、丰顺县、五华县、平远县、蕉岭县 2 区 1 市 5 县。

梅州市人杰地灵。中国十大元帅之一叶剑英（1897—1986 年），是梅县人。叶剑英故居位于梅县区雁洋镇虎形村，故居坐东北朝西南（与莲花山脉同方向），叶剑英在此出生并度过童年和青少年时期。故居旁建有叶剑英纪念馆。

叶剑英故居坐落在虎形山下，这椭圆山峰似一伏卧的巨虎，两条长河环抱着山体，另外故居位于阴那山五指峰附近，拥奇山秀水，这里是"藏龙卧虎"的宝地。

阴那山处梅县区雁洋镇，其山巅五峰并聚，称五指峰，如火焰冲天一般，山麓建有千年古刹灵光寺，或具进一步焕发五指峰"火焰"灵光的意义。阴那山是梅州地区的"灵光"所在。

梅州市是客家人比较集中的聚居地之一。古往今来，梅州地区人才辈出，特别是海外侨胞人数多、分布广，东南亚不少国家政要人物的祖籍均在梅州市。近代太平天国天王洪秀全祖籍也在梅县。

潮州市处韩江中下游，北部为凤凰山。汕头市位于韩江三角洲南端，境内韩江、榕江、练江三江入海。

潮汕文化历史悠久，有中外文化兼容的特点，有自己的潮汕方言、潮剧、潮乐、潮菜、工夫茶、潮汕工艺、潮汕民俗等特色。潮汕地区著名人物不少，相对而言，在商界、科学界成就最大，而政界名人较少。

潮汕地区濒临南海，由于地理环境潮汕商人形成"重贩运"特点，使得他们在海上经贸与海外移民上有着傲人的成绩。

古有"山主贵，水主财"之说，山代表厚重稳定，水代表流通。梅州处山区，骑"凤"背，处"贵"地；潮汕临江面海，位"财"方。

岭南海经

粤闽咽喉南澳岛

莲花山脉向粤东沿海分出"五龙爪",其中一支经凤凰山过海至南澳岛。南澳岛是广东省唯一的海岛县,也是汕头市的唯一辖县,它由37个大小岛屿组成。环岛游、住海滨、沐海风、浴海水、品海鲜,是南澳生态旅游的主色调。

南澳岛风光旖旎,山清水秀,林木葱郁。青澳湾美丽迷人,海滩沙质细软,海湾似新月,海面如平湖,是天然优良海滨浴场。

这里还有"天然植物园"之称的黄花山国家森林公园和"候鸟天堂"之称的岛屿自然保护区,以及亚洲第一岛屿风电场。

站上风电场的高处山坡,迎风而立,登高远眺,令人有"一览众山小"的感觉。

南澳岛风电场

南澳岛还有历史悠久的总兵府、南宋古井、太子楼遗址等众多文物古迹,以及寺庙30多处。

南澳岛地处闽南粤东海面,有"潮汕屏障,闽粤咽喉"之称,历来为兵家必争之地。南澳岛上的总兵府,是南澳岛著名的历史文化遗址,是全国唯一的海岛总兵府,最初建于明朝万历三年(公元1575年)。

总兵府前遗存有8000斤、

南澳"总兵府"

郑成功率部到南澳岛招兵募饷
("总兵府"内图片)

6000斤土炮各一尊。据炮上铭文，土炮为清代道光二十年（公元1840年）铸造，两尊炮原分别架设于深澳草寮尾和深澳东门外，1984年移放于此。

总兵府前有两棵大榕树，其中一棵高20余米，主干围15米，树冠直径30多米，枝叶繁茂，为"郑成功招兵树"。据说1664年民族英雄郑成功在该树下张榜招兵收复台湾，时至今日，古榕历400多年仍苍劲挺拔。

郑成功是明末清初军事家，抗清名将，民族英雄。1645年（清顺治二年）清军攻入江南，郑成功率领父亲旧部在东南沿海抗清，成为南明后期主要军事力量之一。

郑成功率部到南澳岛，招兵募饷。郑成功在南澳岛的军政势力达19年之久，南澳岛是郑成功抗清复明和驱荷复台等一系列军事活动的摇篮和基地。

1661年（清顺治十八年）1月21日，郑成功率将士2.5万人，乘舰数百艘，从金门出发，横渡台湾海峡，翌年2月1日击败荷兰东印度公司在台湾大员（今台湾台南市境内）的驻军，收复台湾。

明清两朝，共有176任总兵、副总兵驻守南澳岛，统辖粤东、闽南兼台澎海防事务，岛上近万名水师、近千门火炮、数十座炮台、数百艘舰船，成为肆意袭扰我国东南沿海的倭寇、红夷、海盗的克星，驻守南澳岛上的这些官兵都为国家的海防建设做出了贡献。

蓝天、碧海、金沙、白浪、绿岛，以及勾人心魄的历史遗迹，构成了南澳岛一道亮丽的海岛风景线。

岭南海经

总兵府前"郑成功招兵树"及郑成功石像

总兵府前遗存有两尊土炮

清朝南澳镇水师火烧鸦片船（"总兵府"内图片）

醉美红海湾和巽寮湾

莲花山脉向粤东沿海分出"五龙爪"之一的汕尾市、遮浪半岛，有着美丽的海岸风光，这里一带景点众多，如汕尾市的凤山妈祖庙、红海湾遮浪半岛、遮浪半岛南海观音寺、龟龄岛、碣石镇玄武山、碣石镇碣石湾等。

红海湾遮浪半岛位于汕尾市区以东18公里处，是红海湾与碣石湾交接处凸入海的一个半岛，素称"粤东麒麟角"。这里海水碧蓝，拥有连绵数千米沙质幼细的沙滩，让人有忍不住下海畅游的冲动。

遮浪半岛东侧的打石澳有南海观音寺旅游景区，其处于"龙爪趾"位置，此地岬屿相连，礁石叠兀，碧海、银沙、奇岩、古迹相辉映，风景优美。相传观世音在此得度成正果，成为"四大菩萨"之一，这里留下了许多与神奇传说有关的圣迹，圣迹景点有"佛流沙""佛印石""得度石"等，亦有历史遗迹"郑成功平后江水"等。

相传古时南海一带瘟神作怪，疫疾虐行，民不聊生且民风愚劣，观音菩萨决心到南海弘扬佛法，发下"常居南海愿"。海龙王第五子狻猊主动化为鳌龙驮乘观音赴南海救苦救难，并随行护法，为一方百姓讲经说法，大化天下，使这里的百姓安居乐业，过上了无灾无难的太平生活。所以，沿海一带往往设有南海观音寺，祈求消灾消难，平安吉祥。

从南海观音寺望向南海，水天一色，一望无际，不免让人想到了苏轼"寄蜉蝣于天地，渺沧

汕尾市凤山妈祖石像

红海湾遮浪半岛

遮浪半岛南海观音寺旅游景区

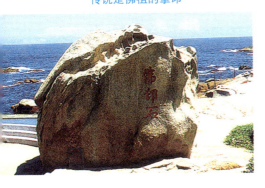

南海观音寺"佛印石",传说是佛祖的掌印

碣石镇玄武山佛道两教合一

玄武山天然象形石"蛇石",疑是玄武大帝"蛇"神将的化身

海之一粟"的诗句,令人慨叹天地之广大,而又令人敬畏,人类之渺小,却又是天地间的精灵,似乎是天地间之主宰。

陆丰碣石镇玄武山是佛道两教合一的宗教活动场所,也是汕尾地区一处历史悠久、驰名海内外尤其东南亚的名胜古迹,在海外华裔,特别是闽南语系的港澳台同胞中享有盛誉。

玄武宝殿、元山寺建在玄武山南麓。元山寺内供奉有玄天上帝,至今还有"武当飞来"的牌匾,寺里同时供奉释迦牟尼、观音菩萨、弥勒等佛像。

离开玄武山,沿碣石湾沿岸行走,就会发现碣石湾海面上有许多凸出的巨石,所以这里难怪叫碣石湾,沿路上有广福寺、金湘滩、妈祖庙、水月宫、水月寺等点缀其间。

莲花山脉"五龙爪"之一的惠东县南部巽寮镇稔平半岛,有著名的海滨度假地巽寮湾,其有"天赐白金堤"美誉,素以"石奇美、水奇清、沙奇白"而著称。

稔平半岛最南端有两条沙垅直奔大星山,如蛟龙出海,"划"分出东西两个湾,由大亚湾畔和红海湾畔相邻的两个半月形海湾组成,名为双月湾。由于风向原因,靠近大亚湾畔的半月湾水平如镜,微风细浪,水清见底,而靠近红海湾畔的半月湾则波涛汹涌。

岭南海经

惠东县南部稔平半岛巽寮湾

万山群岛如朵朵莲花

绵亘粤东沿海的第九列山龙莲花山脉，伸向西南面至深圳、香港及其各海岛结穴，香港地区地形就像张着大口的龙头，这龙头向着珠江出海口"吐"出了大屿山岛以及万山群岛。

万山群岛位于珠江口正南方，为大陆莲花山脉经香港的西向延伸部分，主要岛屿地形以丘陵为主，海拔200~300米，包括担杆列岛、佳蓬列岛、三门列岛、隘洲列岛、万山列岛、外伶仃岛、桂山岛等大小岛屿共76个，散布面积2600平方公里。

这些大大小小的岛屿，如同一座座营盘雄踞在珠江口的前沿，也像一艘艘巨舰驻守于珠江口宽阔的海面上，守卫着珠江三角洲平原和广东省会广州的出海航道，被称为万山要塞。

这些大大小小的岛屿，犹如莲花山脉这条巨龙向珠江口"吐"出的一颗颗闪耀夺目的珍珠；也像是天上所散落的朵朵莲花，似乎是南海观世音菩萨脚踏这些莲花，守护着一方水土。

桂山岛是万山群岛开发最完善居住人口最多的岛屿，是中国人民解放军海军首次登陆作战的战场。桂山岛是伶仃洋畔一颗明珠，有着独特的人文历史价值。文天祥雕像凭海而立，引人追思这方海域数百年的变幻风云。

东澳岛位于万山群岛的中南部，森林覆盖，古树参天，沙滩迷人，宁静舒适。

东澳岛既有原始纯净的自然风光，又有悠远旷达的历史遗迹。岛上有"武当胜景""万海平波"等石刻，以及南沙湾新石器时代遗迹、东澳关古

东澳岛的海湾是天然的避风港

桂山岛是伶仃洋畔一颗明珠

桂山岛"桂山号英雄登陆点"

桂山岛文天祥雕像

大海盗张保仔在东澳岛刻下"万海平波"记号

迹、铳城残墙、烽火台遗址。

在清朝时由于珠江口海上交通频繁，这些岛屿便成为海盗藏身之处。当年，大海盗张保仔就统领"五色帮"部队4万人以及4艘大船，打着"反清灭洋""劫富济贫"的旗号，称雄于南海海上。清嘉庆元年，他们占据大屿山岛为巢穴，出入于珠江口，在东澳岛刻下"万海平波""上帝行宫"等字样。嘉庆二十年以后，他们受清军征剿，撤离了东澳岛。据传张保仔撤离东澳岛时，把18箱财宝埋在石刻附近，以待日后重归，谁知一去不复返。

从东澳岛灯塔出发，沿着观海道路石景长廊行走，不远处便见到东澳关古迹，这座清朝时的海关现在只有断壁残垣了。

东澳关古迹

据遗址碑志所记载，1899年10月，清政府正式使用筹建已久的东澳海关，替代刚撤出的香港九龙海关长洲税厂的职能，用以维护海关对外贸易的管理和税务收益。1917年4月，民国政府停止鸦片贸易，海关又经常受海盗骚扰，1919年5月31日，宣布关闭东澳海关。

铳城位于东澳岛澳口的山脊上，三面临海，一面靠山，气势雄伟，是珠江口外一处重要古代军事遗址。据《香山县志》载，此铳城建于清雍正七年（公元1729年），曾驻兵50人。城门设于东南面，炮台设在西北角，在铳城东北约40米处建有立锥形的烽火台一座。

东澳岛铳城

东澳岛有南沙湾、大竹湾、小竹湾三个沙滩，尤以南沙湾为好，享有"钻石沙滩"的美誉，沙质洁白细腻，沙滩平缓宽阔。

外伶仃岛地处珠江入海口，是"珠三角"地区进出南太平洋国际航线的必经之地，具有重要的战略地位。

位于外伶仃岛南面的庙湾岛据说最美、最原始，庙湾岛的"湾"源自竹湾，而"庙"则是竹湾正中岸上的北帝庙。庙湾岛沙质洁白、晶莹，海水湛蓝、清澈，海底更有稀有的红珊瑚群，被称为"梦幻之岛"和"中国的马尔代夫"。

铳城西北角设炮台扼守珠江口

岭南海经

铳城东北建有立锥形烽火台

岭南形胜行 黄智华

珠江口八大门"出气口"

南粤乃至岭南山系主要由上面所讲的如同九条巨龙的九列山系组成，其实这九列山系可归纳成三部分庞大山系，北面为南岭，东面和西面分别为两广丘陵的山系，而这三部分山系，实质是分别护送着北江、东江和西江这三条"贵龙"，所以岭南的山水"龙脉"灵韵主要是北江、东江和西江。三江从三个方向将北、东、西的雄厚"龙气"（元气）源源不断地输送到珠江三角洲。

这三部分山系围成珠江三角洲平原，并与北江、东江和西江，以及珠江口、南海，在珠江三角洲相交汇。山水海大结穴，阴阳元气交融，造就珠江三角洲这一大福地和大龙穴。

这珠江三角洲大龙穴是南粤甚至岭南最为集聚"精气"之地，为中国最具生气的地区之一，呈现出持久的勃勃生机，这犹如人体腹部下丹田气海，受周边骨架（山系）所护守，古人视丹田为储藏精气神的地方，有如"性命之根本"。

传统风水学上，水来之处称为天门，水之去处（即水口）叫作地户，所谓天门开就是指水要到堂，所谓地户闭就是指水口要关拦严密。

珠江水系在周边群山护送下汇聚到珠江三角洲平原这一明堂，特别是主干流西江千里而来，带来无穷的生气、源源的龙气。

同时地户要关好，才不会使生气、龙气散失。珠江三角洲平原明堂之气就得到较好的收闭。东面莲花山脉向南延伸出深圳沿海的马峦山、梧桐山等一列低矮丘陵，以及香港八仙岭、大帽山、狮子山、马鞍山等丘陵地带和大屿山岛一列，构成珠江口东边一系列的守卫。

中山市的五桂山、竹篙山等一列，珠海的凤凰山、将军山等一列，江门市的圭峰山、古兜山等一列，台山市狮子头山等一列，构成珠江口西边一系列的守卫。

这珠江出海口东边和西边一系列山峰，就像一条锁链以及回"龙"，锁住珠江三角洲平原地户，收住珠江三角洲平原内明堂之气，稳住珠江口南面出水口。而位于珠江口正南方的万山群岛、大屿山岛，作为案山护卫，进一步锁住珠江出水口水势。但"出水

威远炮台为虎门海口防务的主要阵地

口"也不能全封闭，所谓"山管人丁，水管财"，山代表的是稳重的气场，水代表的是生气，气要流通，才能"生生不息"，而且需要大的"水口"来"流通"，这样才会带来大的"生气"和"财气"，所以有所关拦的大出水口珠江口是南粤乃至岭南的"形胜"所在。

珠江水系各河径流汇集于珠江三角洲后，通过8条水道注入南海，各水道之出口称之为"门"，共有八大"门"，分别是虎门、横门、洪奇门、鸡啼门、崖门、蕉门、磨刀门、虎跳门，这些门多有山岭守护。好比一个大院，珠江口虎门是正门，其他七大门为7个侧门，均为"出气口"。浩瀚江水由八大门奔涌而出，经年不息，冲刷成广袤的珠江口滩涂。

虎门地处珠江口东岸，珠江水系流经境内汇流入海，太平水道环抱威远岛。威远炮台旧址为虎门海口防务的主要阵地，位于东莞市威远岛临江最险要处，是鸦片战争古战场遗址之一。

"虎门销烟"拉开了中国近代史的序幕，指的是1839年清政府委任钦差大臣林则徐在广东虎门集中销毁鸦片的历史事件。1839年6月3日，林则徐下令在虎门海滩当众销毁鸦片，至6月25日结束，历时共23天，销毁鸦片19187箱和2119袋，总重量2376254斤。"虎门销烟"后来成为第一次鸦片战争的导火线。

虎门销烟（虎门鸦片战争博物馆展示场景）

崖门位于江门市新会区，屹立于南海与银洲湖的相接处，因东有崖山，西有汤瓶山，延伸入海，就像一半开掩的门，故名崖门。崖门古炮台最早设置于清康熙五十七年(公元1718年)，有着重要的海防功能。

位于广州南沙区的大角山振威炮台雄踞虎门西岸，构成第一道防线

崖门是南宋覆亡最后一场血战的古战场，700多年前，南宋最后一个皇帝在崖山建立行都。祥兴二年（公元1279年）二月，元军都元帅张弘范与副帅李恒率领元兵包围崖山，宋将张世杰指挥战船与元军大战于银洲湖上，宋军力战不胜，浮尸十万。是役，宋少帝与丞相陆秀夫殉国于崖山奇石之下，宋朝最后覆亡。

1841年1月7日英军突然向穿鼻洋的沙角、大角炮台进攻（虎门海战博物馆展画）

珠江三角洲平原三面有众多大山相抱，南面有丘陵地带锁气，珠江口出水口有案山，并有八大门关拦扼守，使珠江三角洲成为岭南最大的"龙穴"风水宝地。

崖门古炮台扼守崖门进出南海水道

山水有情造就大都市

广州、深圳、佛山、中山、珠海、香港、澳门是珠江三角洲地区最为发达的城市。这几个城市均位于珠江口，而且这几个城市在伸向珠江口的部分地形均呈现张口龙头的形象。

广州位于西江、北江、东江三江汇合处，背山面海，北部是森林集中的丘陵山区，形成山水海大结穴。广州处于珠江三角洲平原这一大龙穴的中心，是龙穴中的"龙穴"所在。

广州是中国的南大门，与北京、上海并称"北上广"，被定位为"广东省省会、国家历史文化名城、我国重要的中心城市、国际商贸中心和综合交通枢纽，两千多年来一直是华南地区的政治、经济和文化中心，广州社会经济文化辐射力直指东南亚。

广州番禺区和南沙区部分，地形上就像一个龙头，位于珠江口蕉门、虎门水道出口交界处的龙穴岛，与对岸的万顷沙镇（岛）构成微微张开的"龙嘴"。

龙穴岛，顾名思义是"龙"归穴之地，岛上有60多米高的龙穴山。

历史上，在龙穴岛附近海面经常霞蒸雾罩，常有海市蜃楼出现。东莞和宝安县志多次记载岛上海市蜃楼奇景："海市多见靖康场，当晦夜，海光忽生，水面尽赤。有无数灯火往来，螺女鲛人之属，喧喧笑语。闻卖珠鬻锦数钱粮米声，至晓方止。"

据《新安县志》记载："顺治九年七月五日，龙穴有九龙飞腾，经臣上村、臣下村，数里而去。"《东莞县志》说龙穴岛"尝有龙出没其间"。

广州是中国的南大门

广州南沙区龙穴岛

深圳大梅沙

香港是中西方文化交融的中心

民间传说，龙穴岛是龙族饮水的地方。岛上有一淡水甘泉，每逢狂风暴雨，便疑有无数蛟龙翻滚，争饮甘泉，龙穴岛也时现时没，若有若无。

据旧《东莞县志》称，龙穴岛于古代海上丝绸之路有着重要的作用，过去外国舟船返航，都要在龙穴岛吸取山泉作备用淡水。

香港是我国特别行政区之一，地处珠江口以东，全境由香港岛、九龙半岛、新界等3大区域组成，是一个优良的深水港，莲花山脉、马峦山、梧桐山为来龙之山，香港地形主要为丘陵，平地较少，为南干山脉来龙结穴之处，同时也与内陆水龙、海洋之龙结成大"龙穴"。

香港是中西方文化交融的中心，是亚洲重要的金融、服务和航运中心，是仅次于纽约和伦敦的全球第三大金融中心。

以我观之，莲花山脉一列自东北方向西南方延伸以来，形成一条龙的形状，香港地区的新界、九龙半岛、香港岛构成龙头，香港岛为龙头的下巴，并有龙头吐珠或吐舌（大屿山岛）之状，莲花山脉、马峦山、梧桐山为龙的背脊。

莲花山脉在东北方连接的是闽浙地区大片的山系，群山的气脉源源不断地输送而来，所以香港地区作为龙头，拥有无限的生机和活力。

另外，珠江之水源源流入香港维多利亚港和九龙湾，所谓"天门开，地户闭"，来水大，去水小，加上周边有山峦守护，使维多利亚港和九龙湾成为一个山水海龙气汇聚、"财气"趋旺之地。

深圳与香港一水之隔，东临大亚湾和大鹏湾，西濒珠江口和伶仃洋，莲花山脉、马峦山、梧桐山为来龙之山，至深圳鸡公山、塘朗山、大南山、小南山形成山海结穴，总体上与香港构成同一个"龙穴"。

而从地形看，深圳湾宛若龙口，小南山公园和大南山公园为"上颌"，香港岛伸出珠江口部分为"下颌"，深圳湾这一龙口也是深圳河的出水口，呈现龙口守护之势。

深圳是中国改革开放建立的第一个经济特区，是中国改革开放的窗口，已发展为有影响力的国际化城市，创造了举世瞩目的"深圳速度"。

岭南海经

从外伶仃岛山峰上眺望，香港方向的大屿山岛、香港岛、南丫岛等尽收眼底

岭南形胜行 黄智华

"五龙头"相聚珠江口

佛山原名季华乡，唐贞观二年（公元628年）因在城内塔坡岗挖掘出三尊佛像，以为是佛家之地，遂立石榜改季华乡为"佛山"。

佛山是岭南文化分支广府文化发源地和兴盛地之一，与广州地缘相连、历史相承、文化同源，是全国先进制造业基地、广东重要的制造业中心，历史上是中国四大名镇之一，是中国龙舟龙狮文化名城，也是粤剧的发源地。佛山祖庙与肇庆悦城龙母庙、广州陈家祠合称为岭南古建筑三大瑰宝。

中山市位于珠江三角洲中部偏南的西江、北江下游出海处，北接广州市番禺区和佛山市顺德区，西邻江门市区、新会区和珠海市斗门区，东南连珠海市。

在我来看，地形上，中山市五桂山在珠江口西边，另有五桂山余脉向东北延伸至马鞍岛、珠江口，五桂山余脉向西南延伸至珠海凤凰山、珠江口伶仃洋，这三面环山及其所构成的区域就像一个向东张口的龙头，中山市马鞍岛犹如上颌，珠海半潮礁、铜鼓角一带，以及唐家湾镇所伸出珠江口伶仃洋的半岛为下颌，珠海淇澳岛为这大龙口吐出来的"龙珠"。

孙中山故居就位于这大"龙口"的咽喉部位，西背靠五桂山，东正对着淇澳岛这颗龙珠，或者说被淇澳岛这龙珠守护着。孙中山故居所在的平原地带和"龙珠"淇澳岛，无疑是生气勃勃而气聚的风水宝地。

淇澳岛上高山连绵起伏，100米以上的山有18座，最高主峰为望赤岭，岛上有始建于宋代的淇澳祖庙、建于明代的天后宫，以及清代的文昌宫、抗英炮台等。

珠江三角洲平原主要区域、珠江八条出海水道及八大门示意图（地图比自广东省地图出版社2014年1月第版《珠江三角洲地图集》，图中"八门"标记为作者所加）

淇澳岛与其东面的内伶仃岛，扼守珠江口，成为进出珠江口伶仃洋的屏障。

珠海以五桂山余脉凤凰山为主格局，并坐拥石景山、板樟山、将军山、石花山、炮台山、南山、北山等一列山体，形成屏障，固守气场。

珠海面向珠江口的一面就像张开嘴的小龙头，香洲湾、香炉湾为龙口，而离岸的野狸岛就像是口中的龙珠，景山公园、海滨公园、石花山公园一带为龙头的下巴，唐家湾中山大学珠海校区为龙眼。

澳门是我国特别行政区之一，由澳门半岛、氹仔岛、路环岛和路氹城四部分组成，是一个国际自由港，也是世界四大赌城之一。其著名的轻工业、旅游业、酒店业和娱乐场使澳门长盛不衰，成为全球最富裕的地区之一。

从地形看，澳门地区北面的澳门半岛连接广东珠海，而南面则是氹仔、路环岛和路氹城所组成的大岛，澳门半岛分别由嘉乐庇大桥、友谊大桥和西湾大桥与南面的大岛连接，所以澳门地区就像一把"大锁"，锁住珠江口。

将上面所说的珠海小龙头与澳门地区连起来看，其如同一个大龙头。珠海情侣南路至澳门氹仔岛之间的大港湾，犹如龙的大口，珠海横琴岛和澳门氹仔岛等在南面构成龙的下巴。

如此一来，深圳的深圳湾"龙口"与中山的淇澳岛"龙口"相对，香港的大"龙口"与澳门、珠海的大"龙口"相对，加上广州南沙区在珠江口的"龙口"，呈现五"龙头"五"龙口"相聚珠江口"把关"之势。

五龙头共同守卫和封锁着珠江口，同时拱卫着珠江三角洲平原三江"水龙"交汇之地、大龙穴的中心广州城。

另外，从地图看，龙穴岛东面的珠江口海域就像一个喷着水的龙头形状，这"龙头"向着通向广州的河道狮子洋"喷"水，并"喷"向广州城区南部珠江河网，"龙头"封住珠江口出水口，"龙头"的"龙气"通过狮子洋射向广州城。

古时，"龙"是"王"和"皇"的象征，这样看来，以广州为中心的珠江三角洲聚结"王"者之气，有"龙王"守卫。

另外，珠江三角洲平原向南面对南海，南海东接菲律宾群岛，南望加里曼丹岛和苏门答腊岛，西接中南半岛和马来半岛，被系列岛屿围绕，使南海成为风水宝地。南海为珠江三角洲平原南面的大明堂，而以上系列岛屿为守卫这大明堂的"朝山"。

岭南北靠巍巍南岭，南接浩瀚南海，三江穿流其间，山水海大交融，钟灵毓秀，是一大福地。

珠江三角洲平原有三江相汇，五"龙头"护守，八条出海水道和八门把关，九列山系来聚，是岭南福地中的福地。

祝福岭南，祝福珠江三角洲！

岭南海经

"百岛之市"珠海

佛山祖庙为岭南古建筑瑰宝

澳门是世界四大赌城之一

后记　智慧岭南

南宋绍兴元年（公元1131年）正月，由于社会动乱，宋代开国元勋罗彦瓌七世孙罗贵带领南雄珠玑巷33姓97户人家，在逃出皇宫隐居于珠玑巷的胡贵妃掩护下，逃亡南迁珠江三角洲地区，成为"珠三角"一些开村之祖。罗贵被后人尊为"珠三角之父"。

此次迁徙为唐宋时期由珠玑巷开始的规模最大、影响最深的大迁徙，为珠江三角洲带来了农业开发的生力军，推动了岭南经济文化的发展。

岭南是中国一个特定的环境区域，文化民俗富有地方特色。岭南的文学艺术雅俗并茂，岭南画派、粤剧具有浓郁的地方特色，岭南的农技、手工艺、医学等在中国科技史上有一定地位，西医东渐，中国的西医院、西医学校以及西医生，均在岭南最早出现。岭南民俗与岭南饮食，异于北方，最富于地方特色。岭南建筑的特点，通常表现有：在功能上具有隔热、遮阳、通风的特点，建筑物顶部常做成多层斜坡顶，外立面颜色以深灰色、浅色为主，以及方形柱的运用。

"岭南画派"注重写生，融汇中西绘画之长，主张创新，是中国传统国画中的革命派，创始人为高剑父、高奇峰、陈树人。广州市海珠区十香园被誉为"岭南画派摇篮"，为清末著名画家居廉、居巢兄弟居住之所，高剑父、陈树人均曾学画于此。

岭南学术思想，吸取由中原相继传入的儒、法、道、佛各家思想并进行创新，孕育出不同风格的思想流派。

葛洪在岭南罗浮山炼丹，创金丹道教理论，创立了岭南道教教派，并有贡献于化学、医学等自然科学。

佛教较早从海路传入岭南，六祖惠能创立了中

珠玑古巷是珠江三角洲一带主要族姓的祖居

十香园被誉为"岭南画派摇篮"

位于广州番禺的余荫山房是典型的岭南园林建筑

国化的佛教——禅宗南派，主张"顿悟"，影响及于全国乃至世界。

岭南心学是儒学的一支流派，也是岭南文化的重要组成部分，由明代广东新会大儒陈献章发端，至其高足湛若水而集大成。陈献章有"广东第一大儒""岭南一人"之誉，其创立"白沙学派"，形成了岭南学派，主张自得于道，自得于理，以"虚明静一"之心为主，确立心的主体性，打破了程朱理学原有的理论格局，使明代的学术开始了新的阶段。

湛若水出生于增城，曾在广州城内居住20余载，从政35年，官历南京礼部、吏部、兵部"三部"尚书。作为明代著名思想家、教育家，他提出"随处体认天理"的学问宗旨，主张"民为重""恤民""主德而刑辅"以及"恤商以言利""理欲合一"等思想，完善了岭南心学理论体系。

葛洪、惠能、陈献章等使道、佛、儒学说在岭南生根和弘扬，并进行创新而自成体系，使岭南文化形成自身独有的特点。到了近代，岭南得风气之先，岭南文化成为中国政治、思想、文化革命和发展的先导。

岭南物华天宝，钟灵毓秀，是上天恩赐的一方福地！

笔者花了几年时间将岭南大地走遍，用照片记录每一片山川地貌，用心灵刻印每一寸灵光，写成了《岭南形胜行》一书。

本书将岭南山川地理形胜与中华传统文化和民俗文化联系起来，成为一个整体，使岭南山川风貌体现了灵气，凸显了岭南的精气神，提出了岭南是智慧文化的岭南。

本书讴歌了祖国山河的壮美，介绍了岭南悠久灿烂的历史文化和南粤先贤事迹，以及岭南山川地理、名胜古迹，包括岭南第一山罗浮山、韶关丹霞山、三省发脉祖山万时山、南岭国家森林公园、广东第一高峰、乳源大峡谷、乐昌金鸡岭、英西峰林与洞天仙境、北回归线绿宝石鼎湖山和七星岩、"三教"融合之地西樵山、广东最美海岛海陵岛、岭南第一大湖万绿湖、万山群岛，以及岭南古刹圣地、两千年历史的广州城，等等，并提出了岭南山水经、岭南海经的概念。

同时，本书也是一本旅行随笔文学著作，所勾勒出的一幅幅动人的岭南水墨画，让人想拥有一场说走就走的旅行。

著名作家、广州市海珠区作家协会主席王龙评点认为，《岭南形胜行》集天地之大成，外观自然之道，内省人心，遍览岭南风物，博古通今，其中诗情画意，足以修身养性。

广州市文艺报刊社社长兼总编辑、著名作家鲍十评点写道：本书将岭南山川形胜赋予了文化和智慧的内涵，彰显了岭南钟灵秀气美山川。

广州市作家协会副主席袁建华给笔者来信说，一个地方的形胜决定了这方水土的气脉，更深刻致远的是还决定了这方水土的人脉，这是更值得深入考察和思考的，在这方面弄出些成果来，是我们作家的社会责任。

本书的成功出版，特别感谢蔡春林教授、方开平先生、曾应枫女士、张远环先生、李正伦博士、李松阳博士、田勇先生、何善忠先生、谢志高先生、谢多勇博士、林祥伦先生、林燕辉先生等的支持和鼓励，以及中山大学出版社徐劲社长、钟永源副编审等的辛勤付出。

后记　智慧岭南